La NUEVA FORMA de VENDER

7 principios fundamentales

Javier Madera Camacho

EDITORIAL
TRILLAS

México, Argentina, España,
Colombia, Puerto Rico, Venezuela

Catalogación en la fuente

Madera Camacho, Javier
        La nueva forma de vender : 7 principios fundamentales. --
México : Trillas, 2019 (reimp. 2023).
        119 p. : il. ; 23 cm.
        Incluye índices
        ISBN 978-607-17-3684-0

        1. Ventas. 2. Vendedores y arte de vender. I. t.

D- 658.85'M315n   LC- HF5438.5'M3.5   7059

División Administrativa,
Av. Río Churubusco 385,
Col. General Pedro María Anaya,
C. P. 03340, Ciudad de México
Tels. 5556884233, 5556884007
churubusco@trillas.mx

División Logística,
Calzada de la Viga 1132, Col. Apatlaco
C. P. 09439, Ciudad de México
Tels. 5556330995, 5556331122
laviga@trillas.mx

Tienda en línea
www.etrillas.mx

Miembro de la Cámara Nacional de
la Industria Editorial Mexicana,
reg. núm. 158

Primera edición TO
ISBN 978-607-17-3684-0
(RT)

Reimpresión, enero 2023*

Impreso en México
Printed in Mexico

Agradecimientos

Mi mayor agradecimiento es para mi creador y padre Jehová, Dios, por su guía y sabiduría dada por bondad inmerecida a mi persona, como un firme creyente de que la vida no es por casualidad sino por creación (causalidad).

A mi padre, José Javier Madera Uribe, q.e.p.d., por su ejemplo de integridad y lucha en la vida, para sacar adelante a una familia numerosa (seis hijos) de una forma plena y honesta.

A mi madre, Evelia Camacho viuda de Madera, por su ejemplo de amor y servicio abnegado a Dios y al prójimo, siempre alegre y dispuesta a ayudar a los demás.

A mi tía, mi segunda madre, Teresa Camacho Salazar, q.e.p.d., por su amor y sus enseñanzas; con ella viví y trabajé de los siete a los 17 años, y me puso el ejemplo de cómo mediante el trabajo, la dedicación y la honestidad más la educación todo es posible.

A mis hijos, Josué Javier, Miriam Melina, Verónica, Sebna Jael y Elia Margarita, gracias por su amor incondicional y por darme la oportunidad de guiarlos en esta etapa de sus vidas como adultos. Y a mis nietos por ser una fuente de alegría.

A mi hermanita y socia, Blanca Lilia Madera, "Lilly Wood", en toda esta aventura de ayudar e inspirar a personas y empresas a lograr el éxito. Gracias por tu apoyo, dedicación y espíritu de sacrificio, disculpa por mis descuidos no intencionales hacia tu persona. Este logro es mérito tuyo también. Te quiero, hermanita, y agradezco a Dios por traerte a mi lado.

A todos mis mentores y amigos (entre otros): César Amezcua Delgado, q.e.p.d., Miguel Hornedo Villalba, mi hermanito Francisco Miguel Hornedo Woodhouse, q.e.p.d., Gregorio Vidal Rosas, Eduardo Núñez, Isauro López, Ed Flores, Ingeniero Michel Rodríguez, José Mejía, Javier Ramírez, Joe Echeverry, Roberto Iñiguez, q.e.p.d.

Agradezco también el apoyo de mis amigos, los señores José Zepeda, Jorge Manzur y Carlos Guamán. Y a tantos cientos y miles de amigos que, a través de mi vida y los más de 20 años de impartir seminarios y talleres, hemos aprendido mutuamente y crecido como personas y como profesionales.

Índice de contenido

8

1 La nueva forma de vender

Tiempo de cambio*
Si buscas resultados distintos no hagas siempre lo mismo.

ALBERT EINSTEIN

Hola, amigos, los últimos 35 años he disfrutado ser un vendedor profesional, y por un poco más de 20 años he asesorado y capacitado a personas, empresas y empresarios y los he enseñado a ser exitosos en sus rubros.

MI AMOR POR LAS VENTAS INICIA

Algo que quiero compartir con ustedes (y que pocas veces he compartido hasta este momento) es que comencé a trabajar a los siete años de edad en la tienda de abarrotes "Pepin", en la línea fronteriza entre Tijuana, México, y San Diego, California. Este negocio era propiedad de mi tía Tere, donde ella durante 10 años me apoyó con mis estudios, mientras me enseñó a atender la tienda, vender y ganarme la vida con trabajo arduo.

Cuando cumplí 20 años, gracias a un amigo de mi padre tuve la oportunidad de iniciarme como vendedor de autos nuevos en la agencia Volkswagen de Tijuana, donde considero que inicié mi preparación para convertirme en un vendedor profesional, gracias a la capacitación y los entrenamientos (seminarios, libros, clínicas de ventas, etc.).

Todo ello me permitió comenzar a destacarme como vendedor. Mi siguiente paso de crecimiento fue mi contratación en la empresa Datsun (cambió a Nissan en 1984) en la cual continué preparándome (por cierto, algunos de mis amigos me llamaban "El Loco" porque a pesar de que en algunas ocasiones la empresa solo me apoyaba con el tiempo de las capacitaciones, yo tenía que cubrir los gastos); esas capacitaciones extra me llevaron a obtener resultados sobresalientes, donde incluso en varias ocasiones logré vender 32 automóviles nuevos por mes, es decir, uno al día.

El tener buenos ingresos me permitió retomar mis estudios, en la Universidad Iberoamericana, donde cursé la carrera de Derecho. Por cuestiones de orden personal, emigré a Estados Unidos, radicando en el área de Los Ángeles, California.

Una vez establecido y comenzando de cero, tuve el orgullo de laborar en la empresa North American (compañía de mudanzas), y posteriormente me contrató Mayflower (la empresa más grande del mundo en mudanzas, con oficinas en más de 150 países); durante el tiempo que laboré (aproximadamente cinco años), fui el único vendedor hispano en esa empresa. Gracias a sacrificios pude seguir preparándome en Marketing y Management, de forma privada, con algunos de los mejores maestros en estas áreas.

Eso me permitió, hace ya más de 20 años, iniciarme como capacitador de empresas en negocios, liderazgo, ventas, *customer service y management*. Durante estos años he tenido la fortuna de ayudar y apoyar a personas, empresas y empresarios a lograr y superar sus objetivos.

El sistema del que hablaré en este libro ha sido diseñado para que, a pesar de que usted nunca haya vendido, pueda convertirse en un vendedor profesional, o bien, si ya tiene experiencia, mejore o retome su camino.

Este sistema lo he compartido con innumerables empresas en Estados Unidos y México, con giros de trabajo tan diferentes entre sí, tales como mueblerías, bienes raíces, distribuidores de automóviles, seguros de vida, sistemas de salud, joyas, productos para uso personal, compañías de renta de automóviles, constructoras, restaurantes, dependencias de gobierno y organizaciones sin fines de lucro.

LA NUEVA FORMA DE VENDER

¿Por qué este libro se llama La nueva forma de vender? Sinceramente, el principio de la nueva forma de vender no está en crear una nueva técnica o comenzar con un concepto que no existe. La nueva forma de vender se basa en los fundamentos básicos del éxito en las ventas, tales como:

- Saber romper el hielo.
- Calificar adecuadamente a los clientes.
- Determinar y resolver sus necesidades.
- Demostrar correctamente nuestro producto.
- Manejar objeciones.
- Técnicas de cierre y negociación.

De todos estos conceptos hablaré más adelante, de manera puntual. Pero lo que se ha descuidado en los últimos tiempos es el toque personal, el darle preferencia al resultado, el ser esclavos de la métrica. Nos hemos olvidado en el interés genuino en nuestro cliente, en el acercamiento con respeto, en la integridad, en el enfoque de servir y solucionar. En ser leales con nuestros clientes, marca y producto.

Esta obra lo ayudará a sensibilizarse y cambiar su perspectiva de trabajo, causando un círculo virtuoso de ventas y referidos. Logrará construir un puente de confianza sólido con sus clientes, convirtiéndolos en sus promotores. Porque no solo será un cliente satisfecho, sino un cliente leal.

La nueva forma de vender es tomar estos principios fundamentales de éxito en ventas y enfocarlos en beneficiar a sus clientes. Adaptándose a la nueva generación de consumidores informados y enfocados en mejorar su vida. Será la persona en la que siempre podrán confiar, vendiendo y siendo un profesional que, como consecuencia de hacer bien su trabajo, tendrá el éxito deseado.

COMENTARIO DEL LIBRO

Hola, gracias por comprarme, ¡lo felicito! Tomó la decisión y todo comienza desde ahí.

Ahora déjeme platicarle cómo lo beneficiará mi contenido. En mi interior encontrará un cúmulo de tips, técnicas, anécdotas y consejos, que mi autor ha acrisolado durante más de 30 años de experiencia como vendedor profesional y más de 20 años como entrenador de equipos de ventas de alto rendimiento.

Soy un libro de texto y estudio, donde al final de cada capítulo encontrará un ejercicio o un caso práctico para ayudarlo a mejorar. Por favor, tómeme en serio, realice los ejercicios, ráyeme, márqueme y úseme. Recuerde, yo soy solo una herramienta de ayuda. Todo depende de usted y de que tenga verdaderas ganas de transformar su vida.

FILÓSOFOS DE LAS VENTAS
vs. PRACTICANTES DE LAS VENTAS

Y cuando se hable de ventas y se hable de éxito, no se hablará ni se mencionará ninguna palabra mágica. A través de este libro, usted solo leerá palabras que ya conoce: planificación, trabajo, disciplina, puntualidad, respeto a los clientes, buena comunicación, persuasión... ¿se da cuenta? ¿Verdad que ya conoce todas estas palabras? ¿Ya las ha escuchado? Bien, ahora lo que se va a hacer es ponerlas todas en conjunto y practicarlas, utilizarlas, para que usted, a diferencia de mucha gente que es filósofa de las ventas, se convierta en practicante de las ventas profesionales. ¿Sabe cuál es la diferencia? Que el filósofo de la venta argumenta y proclama que él sabe mucho de ventas, y hasta dicen "¡oh, no! Yo ya he oído todo eso, yo he leído muchos libros, he ido a muchos seminarios". Sí, pero los números no avalan eso. ¿Qué está haciendo con lo que aprende?

En cambio, el practicante de ventas es una persona que nunca se conforma con lo que ha aprendido, siempre está actualizándose. Pero, aparte, lo pone en práctica, lo pone a prueba, y eso es lo que usted debe hacer. Le pido eso, que practique todas las técnicas que se analizan en este programa de cómo lograr el éxito en ventas, por favor, hágalo. Esta es la forma en que nos vamos haciendo diestros al hacer algo, a través de la práctica.

LA ACTITUD MARCA LA DIFERENCIA

Hoy día existe una situación muy particular:

Los tiempos han cambiado, las ventas no son las mismas que años atrás, los compradores cada día son más exigentes, piden más por su dinero. La economía también es cambiante y los mercados difíciles; por ende, el vendedor profesional hoy día debe ser una persona con mayor capacitación, más profesional, más entregado, más dedicado a su profesión.

Sin embargo, la situación real es algo diferente.

Por un lado, tenemos a un grupo de vendedores que su tiempo lo dedican a quejarse, preocuparse en vez de ocuparse, y a hablar siempre de cosas negativas como: la economía, la recesión y la volatilidad de los mercados, entre otras cosas. Esas personas terminan yéndose de la profesión o terminan frustrándose porque no se percatan de las oportunidades reales cuando las tienen frente a ellos.

Por otro lado, tenemos personas como usted:

Positivas, entusiastas y comprometidas que se dan cuenta de que siempre habrá oportunidades, y de que existe la ocasión en que puedan vender, no que les compren, vender. Eso es lo que hace la diferencia. Y yo lo vivo todos los días.

Historias que compartir

"Luismi"... con toda la actitud

Hace algún tiempo, mientras entrenaba a un grupo de vendedores de automóviles nuevos, al finalizar el entrenamiento en ventas el primer día (lunes), se me acercó un vendedor al que apodaban "Luismi" por su gran parecido con el famoso cantante mexicano. Me dijo:

–Javier, necesito tu ayuda. Durante los pasados dos meses no he logrado llegar a mi meta, y si este mes no llego a la meta, me despedirán.
A propósito, ese día era el 25, o sea, quedaban solo cinco días para terminar el mes y lograr su meta.
–Está bien –le dije–. Aunque lo recomendable es, desde el comienzo del mes, apegarse a un plan de trabajo y tener la actitud correcta, no es hora de reproches. Está bien, te voy a ayudar. Pero tienes que estar dispuesto a hacer las cosas como yo te diga. ¿Estás de acuerdo?
–Sí, por supuesto –me respondió.
–Muy bien –le dije–. ¿Qué harás mañana, Luismi?
–Descansar, de hecho descansaré dos días –contestó.
–¿Pero por qué vas a descansar, qué no estás trabajando?
En ese momento fuimos a hablar con su gerente, para solicitarle que le permitiera trabajar esos días de descanso, con el compromiso de que llegaría a su meta con ese tiempo extra.
–Ahora bien –le dije–, esto es lo que harás. ¿A qué hora te despiertas?
–A las 8:00, porque el *dealer* (agencia de automóviles) me queda cerca y entro a las 9:00.
–Muy bien, tu primer cambio será despertarte a las 6:00 a. m. Saldrás a caminar al menos 30 minutos diarios, luego te darás un baño con agua helada y ten, leerás este libro (*Actitud mental positiva, un camino hacia el éxito*, de Napoleon Hill) al menos una hora diaria.
También desayunarás, comerás y cenarás en tres lugares diferentes todos los días. Allí entregarás tarjetas de presentación a todas las personas presentes: comensales, meseros, cajeros, cocineros, etcétera.

Ponle poca gasolina a tu automóvil, la suficiente para la jornada, así llegarás a una diferente gasolinera todos los días y harás lo mismo: repartirás tarjetas de presentación a todas las personas en la gasolinera: empleados y clientes.

Además, harás una lista de todos los clientes que vinieron al dealer los últimos tres meses y no les pudiste vender. Analizarás la causa de por qué no les vendiste y crearás en tu mente una nueva estrategia. Les llamarás por teléfono para volver a concertar una cita, pero ahora con una nueva actitud y un diferente acercamiento.

Para acortar la historia, al siguiente lunes (una semana después) cuando llegué a darles su capacitación semanal en ventas, me encontré a un sonriente, seguro y positivo Luismi, que me esperaba en la entrada y me abrazó muy efusivamente. Después de agradecerme la ayuda, me compartió su alegría.

—Javier, tenías razón. Hice todo lo que me dijiste y no solo logré las tres ventas que necesitaba, sino que cerré una venta más de las que necesitaba. Por tanto, este mes logré ocho ventas, sobrepasé la meta, en solo cinco días logré lo mismo que había hecho los 25 días anteriores y únicamente con un cambio de actitud. Muchas gracias, Javier.

He determinado definir "actitud", su significado, cómo cultivarla y desarrollar una actitud positiva que nos permita superar cualquier circunstancia, problema, obstáculo o adversidad que se nos presente, y pese a estas cosas mantener el enfoque en la venta y lograrla con éxito.

Con base en mi experiencia, esta es la diferencia fundamental entre los que fracasan y los que triunfan en ventas.

A través de mi carrera, primero como vendedor profesional, y ahora como capacitador en ventas, me ha tocado ver personas con mucha educación, conocimientos extraordinarios, carisma, personalidad atrayente, conocimientos en tecnología, recursos económicos, que, sin embargo, fracasan al llegar a ser presas del desánimo, el miedo y la desesperación cuando las cosas no salen como esperaban. Por ejemplo, les cancelan citas o a veces les cancelan ventas ya hechas, y comienzan a desesperarse y pensar que no sirven para esto, y terminan por abandonar la carrera.

¿Se siente o se ha sentido así? ¿Le pasó o conoce a alguien a quien le ha ocurrido esto?

¿Le gustaría saber cómo afrontar estas situaciones con éxito?

Por otro lado, he sido testigo del éxito de muchas personas por las que, cuando las miramos a simple vista (o de forma superficial), "no daríamos un centavo por ellas".

Tal vez cuentan con poca educación seglar, sufren deficiencias físicas, no cuentan con experiencia previa ni conocimientos profundos de su producto, y, a pesar de que todo parece en contra de ellos, logran el éxito en ventas. ¿Por qué? ¿Qué los hace diferentes de los antes mencionados? La actitud, ¡sí! Una actitud positiva.

Por ello, es que considero vital que se inicie este primer capítulo con la consideración de ese tema trascendental.

Primero le pregunto: ¿Qué es actitud? ¿Cómo la define? ¿Cómo se forma? ¿Cómo la podemos cambiar de negativa a positiva? ¿Es posible esto?

¿Se imagina siendo dueño y creador de sus propias "actitudes" y poder "generar" los resultados que usted quiera, aunque a veces parece estar todo en su contra o ser las posibilidades de lograr algo casi nulas?

Estimado lector, le tengo buenas noticias. ¡Sí es posible! En este momento le pido por favor toda su atención para esto que estoy a punto de compartir, créalo, depende de esto nuestro éxito o nuestro fracaso, no solo en ventas, sino en la vida misma.

Iniciaremos por definir actitud. "La actitud es un sentimiento interno expresado por nuestro comportamiento". O sea, cada experiencia, vivencia, aprendizaje teórico o práctico van creando nuestras "actitudes"; por ello, a veces no entendemos nuestras propias reacciones a determinadas situaciones, pero la respuesta está en lo que hemos vivido.

Por ejemplo, ¿le ha tocado hacerle una broma a alguien y que de repente esa persona estalle en cólera, se enoje o hasta deje de hablarle? ¡Imagínese! Usted solo le hizo una broma o un comentario y observa lo que sucedió, y esto es porque no sabemos lo que esa persona haya experimentado antes. O, por otra parte, hace la broma o comentario a otra persona y comienza a llorar y se resiente con usted. Fíjese en las dos reacciones diferentes pero negativas, y esto es producto de "actitudes mal manejadas".

Esto ocurre porque no sabemos qué tipos de experiencias o problemas hayan tenido estas personas para que reaccionen así.

Ahora bien, el punto que queremos aprender es cómo cambiar nuestras "actitudes negativas" y convertirlas en positivas.

Hace poco más de 20 años tuve la oportunidad de acceder a una información que cambió mi vida y mis resultados, y hoy la compartiré con usted, pues esta información tiene que ver con la forma en que modificamos nuestros pensamientos, manejamos nuestras emociones, así como nuestras conductas y resultados. Por un momento piense en la pregunta que le hicieron a uno de los hombres más sabios de su generación a nivel mundial, y me refiero a quien es considerado el padre de la psicología moderna, el doctor William James. Pero antes de citar su declaración, por favor piense en lo que le preguntaron. "Doctor William James, ¿si usted tuviera que elegir uno, entre todos los descubrimientos sobre el estudio del comportamiento humano durante los pasados cien años, cuál diría que es?". ¿Se imagina? ¿Cuántos libros sobre psicología, antropología, parapsicología, motivación, superación personal, etc., existen? Miles y miles, sin embargo, el reto para el doctor James era escoger con base en su juicio el descubrimiento más importante durante los pasados cien años. ¿Le gustaría saber su respuesta? Aquí la comparto.

Hasta ahora se creía que para actuar era preciso sentir. Hoy se sabe que si comenzamos a actuar, el sentimiento aparecerá. Para mí, ese es el descubrimiento más importante del siglo sobre el comportamiento humano.

Dr. WILLIAM JAMES
(1842-1910)

¡Extraordinario! ¿Se da cuenta de la verdad tan fundamental y poderosa de esta declaración? ¡Somos nosotros quienes tenemos el poder, a través de nuestras decisiones, de pensar en los resultados que queremos, y producir las emociones y deseos que se necesiten para generarlos. Y esto aun cuando no tengamos ganas de hacer estas cosas (tocar puertas, hacer llamadas telefónicas, planificar la agenda, llevar registros, capacitarnos, practicar nuestras presentaciones, etc.). Hemos aprendido que si nos "obligamos" aunque no tengamos ganas, lo podemos hacer, y esto se logra a través de la autoconciencia, disciplina, sentido de compromiso y responsabilidad. ¿No considera hermoso e inspirador este conocimiento? A mí me parece estupendo y en lo personal me ha ayudado de gran manera.

Y a través de más de 20 años que lo he compartido, he comprobado en el éxito de otros la veracidad de esta declaración del doctor James.

Lo invito a que haga suyo este conocimiento, lo practique y disfrute el éxito que sé que logrará en su vida y su carrera profesional en ventas. ¡No tengo la menor duda! Ahora ya hemos determinado lo que es la actitud, cómo se forma, y cómo podemos modificarla y cultivar la que sea conveniente para nosotros y lo que queramos lograr en la vida.

CUANDO VOY A VISITAR A LAS EMPRESAS QUE ASESORO

Generalmente se me acercan los quejumbrosos: "Javier, ¿verdad que la situación está difícil? No se está vendiendo. Hablé con fulano, zutano y perengano y dicen que les está yendo muy mal, ¡qué difícil está la situación!". Mientras estamos conversando, de la misma manera se me acerca otro vendedor y me dice: "Javier, qué bueno que te veo. Fíjate que me está yendo muy bien, se está vendiendo de maravilla, es mi mejor mes". ¡Guau! Un momento, estamos hablando del mismo producto, del mismo mercado, de la misma empresa y de la misma ciudad. ¿Por qué, entonces, mientras que unos se quejan de que la situación está difícil, otros hablan de que les está yendo muy bien? ¿Cuál es la diferencia? La diferencia es la actitud.

La actitud es lo que marca la diferencia entre la persona que se dedica a quejarse y la que se dedica a ocuparse, a enfocarse, a producir.

Sin duda alguna, el solo hecho de que haya invertido en este libro educativo me dice a mí que es una persona proactiva no reactiva, que es una persona que se interesa en tomar el control de su vida y de su profesión, y en hacer los cambios que se requieren en su vida. Por eso me alegra mucho poder hablarle y compartirle este programa educativo. ¡Disfrútelo!

Me gustaría enfocarme en un aspecto muy importante: la capacitación, la educación y el adiestramiento; esto es primordial para lograr el éxito en ventas, no dejar nuestro éxito a la suerte, al azar o al destino, porque hay muchas personas que a veces creen que lo que determina su éxito es la suerte o el destino. Bueno, hay gente que inclusive cree que hasta el día en que nacieron determina su éxito, ¿se imagina? A veces yo los he escuchado cuando platican:

—Oye, ¿y en qué mes naciste?
—Pues, fíjate que en diciembre.
—¡Huy! Con razón siempre te andas riendo. Naciste en el mes de las posadas. ¿Se imagina?
—¿Y tú?
—Yo, en marzo.
—¡Ah! Con razón siempre andas bien alegre, pues es el mes de la primavera.

¡Entonces los que nacimos en otros meses estaríamos en desventaja!

Les tengo buenas noticias. Su éxito y mi éxito no dependen del día en que nacimos, del color de nuestra piel, de qué país venimos, de nuestro sexo ni de nuestra edad. Depende de las decisiones que tomamos. Y mientras las decisiones son mejores, mejores van a ser los resultados.

Ahora, un aspecto primordial es entender que para mejorar la calidad de nuestras decisiones, primero necesitamos mejorar la calidad de nuestros pensamientos. Y para elevar la calidad de nuestros pensamientos, debemos elevar la calidad de nuestro alimento mental, la información que ponemos en nuestra mente.

Resumen

1. Defina qué es actitud.

2. ¿Cómo marca la diferencia la actitud?

3. ¿Qué piensa de la definición del doctor William James?

4. ¿Cómo piensa usar lo aprendido sobre la actitud?

5. ¿Qué cree que puede lograr cambiando sus actitudes?

2 El concepto de usted

Construyendo el éxito
Todo el mundo desea el éxito, pero pocos están decididos a hacer el
esfuerzo, a pagar el precio y hacer lo requerido.

JAVIER MADERA CAMACHO

Cuando usted se mira en el espejo, ¿siente orgullo de la persona que ve ahí? Es muy importante eso. Sienta orgullo porque esta es una profesión hermosa. A veces hay mucha gente que menosprecia la profesión de ventas, inclusive van a solicitar trabajo a algunas empresas y si no hay plazas disponibles en el departamento de crédito, en el almacén o en las oficinas, a veces dicen: "Mire, aunque sea démela en ventas, por favor". ¡Como si ventas fuera algo tan sencillo, o tan fácil! ¡No! Ya es hora de que dignifiquemos esta hermosa profesión.

Los vendedores profesionales son la bujía de la economía mundial, son los que activan el movimiento en las empresas, los que hacen que existan departamentos de crédito, de colección, de cobranzas, bodegas, entregas... Todo gira alrededor del vendedor. Por eso es muy importante que se respeten, se quieran, se aprecien, sientan orgullo de quiénes son y de su profesión como vendedores. Pero avalemos ese orgullo con resultados, con hechos. El lenguaje en las ventas son los números, y tenemos que aprender, a través de los números, a demostrar nuestra valía y a exigir el respeto. Pero primero: seamos productivos. Y eso es lo que vamos a estar considerando.

Uno de los programas que enseño a empresas y vendedores se llama "El ciclo de ventas". Este ha ayudado a miles de personas a ser exitosas, pero, ¿en qué se fundamenta?, ¿de dónde salió? Les decía que iba a hablarles de cómo me inicié en las ventas profesionales, quiénes fueron algunos de mis mentores, las cosas que yo he aprendido, y las cosas que hoy día enseño.

Me remonto a hace unos 30 años. (¡Bueno!, ¡está bien!... un poquito más.) Era joven, tendría yo unos 20 años de edad cuando me inicié en una industria fabulosa, la industria de la venta de automóviles nuevos. En aquellos tiempos no había jóvenes vendiendo automóviles nuevos, eran muy pocos, de tal forma que mi mentor, el gerente, mi primer maestro en ventas, el señor César Amezcua Delgado (q.e.p.d), cuando vio mi potencial, fue quien me contrató. Pero fue muy claro conmigo y me dijo: "Javier, en esta industria no hay jóvenes. Pero veo tus ganas, veo tu deseo y te voy a guiar. Yo te voy a enseñar porque, aunque tú traes ímpetu, ganas y energía, para lograr el éxito necesitamos encauzar todo eso, y para hacerlo se necesita la humildad". ¡Y qué hermoso!, este valor es algo tan deseable que a quienes ama Dios es a los humildes, no a los orgullosos, ni a los soberbios, ni a los que piensan que lo saben todo y que no pueden aprender de los demás, ya que el humilde sigue aprendiendo, sigue creciendo y se deja guiar.

Fue en ese momento que empecé a vender. Hablaré más adelante algunos detalles sobre esto, pero el punto está en que me llegué a convertir en uno de los mejores vendedores de mi ciudad natal: Tijuana, México. Llegué a tener algunos meses hasta 30 automóviles nuevos vendidos por mes, lo cual significaba uno diario. Y cuando uno empieza a vender un vehículo diario se siente como que es de otro planeta, de otro mundo. ¡No, por favor! Ese es el primer error que cometemos, que nos empiezan a salir alas y que perdemos la humildad. Tenemos que aprender a tener los pies sobre el suelo para que podamos seguir creciendo con buenas bases.

EL HECHO QUE CAMBIÓ EL RUMBO DE MI CARRERA EN VENTAS

De repente, un día llega un amigo mío y me dice:

—Javier, te invito a San Diego, va a haber un excelente seminario, viene el mejor vendedor del mundo.

Y ahí va Javier el ignorante, porque es ignorancia no tener los conceptos claros o tener las ideas equivocadas. Y le dije:

—¡Oh! ¿Viene el señor Og Mandino?

—¡Og Mandino! Él no es el mejor vendedor del mundo -me dijo-. Él escribió el libro *El mejor vendedor del mundo*, pero no es el mejor vendedor del mundo.

—Entonces, ¿quién es?

—Bueno, te invito a que vayamos.

Cuando fuimos, ahí estuvo mi sorpresa. Ver a aquel hombre frente a frente me cambió la vida porque, imagínese usted, yo me sentía exitoso y diferente porque ya estaba teniendo aquellos logros en las ventas. Pero no era nada, absolutamente nada, porque siempre hay algo más que podemos hacer y alguien mejor que nosotros de quien podemos aprender.

Este hombre, el señor Joe Girard, dedicado también al ramo automotriz, se inició en Merollis Chevrolet en Detroit, Michigan. De acuerdo con el libro *Records Guinness*, fue el mejor vendedor del mundo por 12 años consecutivos. ¿Por qué se ganó ese nombre y ese respeto?

Imagínese usted su récord: ¡150 automóviles nuevos vendidos, no al año, al mes! Es decir, cinco diarios.

Solo imagínese usted por un momento cuál sería su ingreso si vendiera lo que él vendía, o que yo vendiera lo que él vendía. ¿Vende usted automóviles? ¿Cuánto percibiría usted de comisión vendiendo cinco automóviles diarios? ¿Vende usted muebles? ¿Cuánto obtendría usted de comisión vendiendo cinco conjuntos de sofás o cinco recámaras diarias? ¿Vende usted sistemas de salud? ¿Ollas? ¿Cuánto ganaría usted vendiendo cinco "equipos" diarios? O si usted vende vitaminas, seguros de vida, casas, cualquier producto o servicio, ¡imagínese cuáles serían sus ingresos!

¿Ve usted lo que significa? ¿Sabe cuál es la diferencia? ¿Cuál es la clave? Tener un sistema de trabajo. No trabajar por casualidad o por emoción. Solo cuando nos sentimos bien… entonces salimos a trabajar. ¡No! Un sistema de trabajo exige que trabajemos todos los días de forma permanente, de acuerdo con nuestro sistema. Lo vamos perfeccionando, sabemos dónde empezar, qué pasos dar y cuál es el final de eso.

De tal manera que comenzamos a crear una máquina de hacer dinero, una bola de nieve, comienza usted a crecer en volumen. Y eso es exactamente lo que yo enseño, a través de los años he perfeccionado ese sistema. He tenido muchos maestros en mi carrera, pero son solo dos los que cambiaron mi vida, particularmente en el área profesional. Vaya desde ahora mi gratitud por la influencia positiva que ejercieron en mí: uno fue el señor César Amezcua Delgado, y el otro –que es para mí como un segundo padre– don Miguel Hornedo Villalba, gente de calidad humana, no solo profesional.

Todo este cúmulo de conocimientos que yo comparto con usted son cosas reales, cosas prácticas y productivas, que si usted las pone en práctica va a obtener mejores resultados de lo que haya logrado hasta hoy. Por eso, le pido de favor que ponga atención a estas cosas. A un lado de usted ponga desde hoy una libreta, tome una pluma y comience a capturar cada una de las ideas y de los conceptos que sienta que en lo personal le ayudarán a hacer una diferencia en su profesión y en su vida. Le pido que se disponga a analizar y meditar en la importancia de cada uno de los conceptos que a continuación consideraremos, y su relación en cómo lograr su éxito en ventas.

Le pido por favor, estimado amigo lector, que no avance al siguiente capítulo sin contestar y "reflexionar" cada una de las preguntas de los breves resúmenes que encontrará al final de cada capítulo. La única finalidad es "afianzar" en nuestra mente tales conceptos a fin de usarlos de forma espontánea en el día a día.

Recuerde... vender es un arte, por tanto, esto exige "estudiar", "comprender", "aplicar" cada concepto, no solo leerlo. Mi compromiso con usted es moral y profesional, he dedicado muchos años y miles de horas de estudio y práctica a esta hermosa profesión que respeto y amo. Siento que hay mucho por aprender y compartir todavía.

¡Créame!, en la medida en que avance en el "estudio" de este libro y lo lleve al campo de la práctica, comprobará la diferencia y le aseguro resultados sobresalientes.

ÉXITO POR DISEÑO

Es algo maravilloso entender que el éxito es por diseño, porque está en nuestras manos, no en las manos de nadie más el construirlo. Los animales, a diferencia de nosotros, están programados, son "instintivamente inteligentes"; por eso es que una hormiga, una mariposa, un ave saben exactamente qué es lo que tienen que hacer desde que nacen hasta que mueren. Pero el ser humano no. El ser humano, al haber sido hecho a imagen y semejanza de Dios, es un ser con facultad de raciocinio y con la facultad de libre albedrío (o sea, la facultad de elegir). ¿Qué significa esto? Que a nosotros nos toca programar nuestra mente para lograr lo que queremos ser y hacer en la vida. La mente es como una computadora, va a tener los programas que usted le ponga. Nuestros padres son quienes ponen los primeros programas, posteriormente son nuestros maestros y nuestros amigos quienes influyen en nosotros, pero ahora, a nosotros como adultos nos toca tener la responsabilidad de reprogramar nuestra mente para lograr el éxito.

Y para nosotros como vendedores es una exigencia el prepararnos, no dejar nuestro éxito al azar. Para eso hemos creado este programa.

Un primer punto que deseo resaltar en este programa es: "La importancia de que nosotros tengamos fe en lo que hacemos". Muchas veces me topo con la idea errónea en algunas personas de que el vendedor nace, y hasta lo dicen: "No, fulano va a ser bien exitoso, mira qué bonito habla, o zutanita, mira qué bonita está. En cuanto llegue a algún lugar le van a comprar". Pero, ¿sabe una cosa? Yo tengo un dicho y a través de los años como capacitador y vendedor profesional lo he corroborado:

"EL POETA NACE, EL VENDEDOR SE HACE"

Sí, los vendedores nos hacemos en el día a día, pero no solamente en el día a día experimental, vendiendo, sino también en el día a día capacitándonos, entrenándonos, renovando nuestros conocimientos, con nuevas ideas, siendo igual de cambiantes como cambia el mundo. Porque, acuérdese, en la vida vamos a tener la vida y el éxito que nosotros decidamos tener. Si usted, por ejemplo, pone en un recipiente agua, exprime limones y le pone azúcar, no espere tomar horchata ni jamaica, va a tomar limonada porque eso fue lo que usted decidió poner ahí.

Igualmente, nosotros en ventas, si estamos esperando a los clientes, esperando a que nos compren, esperando a que el cliente decida, pues le tengo malas noticias: siga esperando. Porque, hoy día, no es la actitud correcta para trabajar nuestros mercados. Si usted o yo queremos tener éxito en la venta, tenemos que ayudar a la gente a tomar decisiones, tenemos que encontrar a la gente, tenemos que motivar a la gente, persuadirla a que tome decisiones, para eso es la capacitación.

Les mencionaba la importancia de la fe. Un vendedor profesional y exitoso empieza su carrera desarrollando la fe, cultivando la fe. ¿Fe en qué? Fe en él o ella, fe en su producto, fe en su compañía, fe en su programa, fe en sus conocimientos y en sus técnicas; y las usa y las aplica. Es muy

importante eso. Pero, ¿qué es fe? La fe realmente se fundamenta en conocimiento, se fundamenta en experiencias, y nosotros necesitamos ir forta-
leciendo esa fe. Pero, sobre todo, ese "sistema de creencias positivas" que
usted tenga lo ayudará a lograr sus objetivos. Usted tiene que programar
su mente, particularmente su subconsciente, diciéndole con exactitud qué
es lo que quiere lograr. ¿Recuerda que hice la comparación de la mente
con una computadora? Pues eso es exactamente lo que hacemos cuando
estudiamos, o asistimos a seminarios, o nos dejamos guiar o aconsejar
por un mentor, estamos alimentando la mente con un programa positivo.

Ya que hablamos de fe, quiero mostrarle a través de los siguientes tres
ejemplos, que nosotros llegamos a creer en lo que queremos creer, y se
ve evidenciado en nuestro comportamiento y en nuestra conducta. Primer
ejemplo: ¿Le agrada la velocidad? ¿A qué velocidad maneja su automóvil?
¿A 80? ¿A 100? ¿A 120 kilómetros por hora? ¿Verdad que se siente la velocidad cuando vamos a esa velocidad? Sin embargo, piense en eso. Nosotros ahora mismo vamos a una velocidad más alta que esa, ¿sabe a qué
velocidad vamos? Vamos a 66 600 millas por hora (107 200 kilómetros),
esa es la velocidad con la que la Tierra se traslada alrededor del sol para
dar su vuelta de 365 días. Le pregunto: ¿Siente usted la velocidad? ¡No!
¡Por supuesto que no! Porque nuestros sentidos no la perciben.

Segundo ejemplo. Cuando va manejando en la carretera, ¿ha visto usted
que la carretera se ve plana? Pues es otra ilusión óptica, porque la Tierra es
redonda. Sin embargo, nuestros sentidos creen lo que queremos que crean.

Un tercer ejemplo. Cuando se levanta en la mañana, ¿dónde está el
sol? ¿Dónde sale el sol? Decimos en el oriente. Y en la tarde, ¿dónde está?
En el poniente, junto al mar. Pues es otra mentira óptica, porque la que da
vueltas es la Tierra cada 24 horas, no es el sol. ¿Nota usted por qué le decía
yo, que va a creer en lo que quiera creer? Por algo decía el famoso Henry
Ford, fabricante de los automóviles:

Si usted cree que puede, tiene razón; si usted cree que no puede, también tiene la razón.

HENRY FORD
(1863-1947)

Porque esta es la realidad, nosotros decidimos qué creer. Si usted ahora mismo cree que puede convertirse en el mejor vendedor de su producto, de su empresa, de su ciudad, de su país, del mundo, yo se lo creo, ¡yo se lo creo!, porque yo he visto personas que debido a su "sistema de creencias positivas" tarde o temprano han logrado realizar lo que han pensado ser en su vida. Por favor, no olvide esto.

El antepasado de todo acto es un pensamiento

RALPH WALDO EMERSON
(1803-1882)

¿Qué quería decir Emerson con esto? Que los seres humanos primero pensamos las cosas, las construimos en nuestra mente, y llegan a ser tan reales para nosotros que el siguiente paso es que las cristalicemos a través de nuestros actos, las hacemos realidad. Por eso es tan importante para nosotros creer siempre de una forma positiva, que las cosas van a cambiar. Pero debemos trabajar todos los días con un "plan definido de trabajo" para poder alcanzar el éxito.

LA PRÁCTICA HACE AL MAESTRO

Dicen los chinos: "El éxito es un juego de probabilidades, mientras más flechas tires a la diana, es más fácil que una le dé". Recuerde que la diana es el círculo blanco del tiro al blanco. Si usted tira solo cinco flechas tiene menos probabilidades de pegarle que si tira 50 o 100. ¿Sabe lo que va pasando? Que en la medida en que usted está tirando más flechas, su puntería se va a haciendo más acertada y hay más probabilidades de que le pegue a la diana. Esto es igual en ventas, mientras esté enfrente de más clientes cada día, va a tener más oportunidades de vender, pero eso lo va a generar usted más bien que la suerte o la casualidad. Y este es el tipo de cosas que estaremos considerando a través de este libro.

Por eso es muy oportuno e importante que se pregunte:

¿Tengo fe en mí? ¿Tengo confianza en mí? ¿Creo en mis productos? ¿Creo en mi empresa? ¿Creo en mis líderes? (Si los tiene).

Resumen

1. Con base en la historia que Javier nos cuenta, ¿quién fue durante un periodo de 12 años el mejor vendedor del mundo?

_____

_____

_____

2. ¿En manos de quién se encuentra el verdadero éxito de cada uno de nosotros?

_____

_____

_____

3. ¿Cómo un sistema de creencias positivas puede ayudarnos a obtener nuestro objetivo?

_____

_____

_____

4. ¿Quién escribió el libro *El vendedor más grande del mundo*?

_____

_____

_____

5. ¿Cree usted que vender es una habilidad nata o puede ser adquirida?

_____

_____

_____

Siempre parece imposible hasta que se hace.

NELSON MANDELA

Lo primero que consideraremos es la importancia de disfrutar lo que hacemos, el valor de creer en nosotros mismos para triunfar y cómo establecer una abundante cartera de clientes a través de una prospección eficiente que nos permita aumentar nuestras ventas.

Recuerde que siempre que menciono alguna historia o alguna anécdota, son historias reales.

Hace algunos años, entrenando a una empresa de venta de automóviles nuevos, mi amigo, el señor Manuel "Manny" Villaseñor, gerente general, me platicaba esta interesante historia. Resulta que iba a haber una reunión de todos los dueños de distribuidores de automóviles marca **Chevrolet** en Estados Unidos de América. Y la compañía, en lugar de contratar a un motivador profesional para el evento, decidió que su mejor vendedor del país –que había ganado este derecho por llegar al récord de 100 vehículos mensuales vendidos– fuera quien diese la plática de motivación.

Así es que para el final de la convención, que duró cinco días, se invitó a esta persona para que hablara y cerrara la reunión. ¿Se imagina usted, enfrente de esa audiencia, de empresarios millonarios? ¡Bueno! ¡Ellos querían conocer su secreto del éxito en la venta!

Tal vez usted se imaginaría a una persona de apariencia física impresionante, un hombre alto, musculoso, con ropa elegante, ostentoso. ¡No!, él era un hombre común y corriente, normal. Un señor sencillo, bajo de estatura, un poco obeso, pero lo más cautivante en él era una impresionante y agradable sonrisa, que denotaba paz y tranquilidad en su rostro.

Cuando llegó su turno y se puso frente a la audiencia, se le notaba un bulto en la bolsa derecha de su pantalón. Metió la mano y extrajo una manzana, pero no era una manzana cualquiera, ¡no!, era una manzana apetitosa, roja, sabrosa, que quien la vea deseará morderla, ¡y eso fue lo que él hizo! La puso en posición de ataque y le dio una mordida con todas sus ganas. Le empezó a escurrir el jugo por su boca. Volteó, los miró mientras masticaba tranquilamente degustando la manzana, le dio vuelta otra vez a la manzana en posición de ataque, y nuevamente le dio otra mordida a la manzana. Y cerraba los ojos, y disfrutaba cada masticada de la manzana. Hasta que alguien impaciente en la audiencia le dijo:

—Hey, ¿cuál es el mensaje? ¿Qué quieres decirnos?

—¡Señores! –dijo aquel hombre, con una voz apacible y en un tono agradable–. ¡Esto –señalando la manzana– es la venta!, y lo que yo hago todos los días es disfrutarla. Yo disfruto cada cliente que tengo enfrente de mí, ¡jamás vengo a fuerzas a mi trabajo! Nunca digo "tengo que ir a trabajar", sino, más bien, digo: "Dios mío, gracias por un día más, ¡ayúdame!, ayúdame Dios mío a disfrutar mi trabajo y ayudar a las personas". Esa es mi filosofía del éxito en la venta. Cuando nosotros pensamos siempre en términos de ayudar a otros, en realidad nos ayudamos a nosotros mismos. Cuando usted ayuda a otros a obtener el producto que quieren, se ayuda a usted mismo a obtener el éxito. Y saben… eso es lo que hago todos los días –dijo aquel vendedor–: "Disfrutar la venta".

Y ese era el gran secreto. Se despidió de ellos, pero, ¿sabe una cosa? Cuando entendieron la profundidad de su mensaje, a pesar de su sencillez, se pusieron de pie y lo ovacionaron aquellas personas, ¡se lo merecía!, porque era un hombre que realmente tenía pasión por lo que hacía.

Dichoso es aquel que mantiene una profesión que coincide con su afición.

GEORGE BERNARD SHAW

Estimados amigos, ese es el primer punto para lograr el éxito en ventas: ¡disfruten lo que hacen! Tengan pasión en lo que hacen, siéntanse contentos en lo que hacen, por el producto que ustedes venden, a la compañía que representan, dignifiquen su profesión. ¡Disfrútenlo! Pasión, ese es el primer gran aspecto que tenemos que tener.

FOCUS/CONCENTRACIÓN

Ahora bien, ya que hemos logrado esa pasión, ese éxito, a través de disfrutar lo que hacemos, ahora vamos a ver cómo podemos –si nos mantenemos enfocados– comenzar a obtener mejores resultados día con día. Porque a veces puede ser que tenemos disfrute un día, pero a los dos o tres días ¡no! ¿Por qué sucede esto? Porque hacemos caso de los problemas personales, o de la situación económica de nuestro país o de nuestra ciudad. Nos desenfocamos. Y es muy importante para el logro del éxito la "concentración" –ese otro segundo punto importante– "focus".

Tal vez recuerde cuando era un niño o una niña, se jugaba con una lente de aumento llamada lupa. Se ponía la lupa sobre el papel a cierta distancia para que pegaran los rayos del sol y se reflejaran, y lo mantenía uno fijo hasta que se quemaba aquel pequeño papel. ¿Nota usted lo que significa el efecto de la concentración de energía o focus? = ¡resultados positivos!

Lo mismo nos ocurre a nosotros, tenemos que enfocarnos en nuestra profesión. Cuando usted se levanta y tiene un plan de trabajo, sabe qué hacer con certeza todos los días para lograr buenos resultados. Antes de acostarnos deberíamos tener un plan de trabajo, qué es lo que vamos a hacer en la mañana siguiente, qué es lo que vamos a hacer durante la semana o durante el mes, durante el año. ¡Planificación! Pero también tenemos que tener focus, enfocándonos en lo que hacemos.

Focus

Energía concentrada en mantener la atención por largos periodos hasta lograr el objetivo.

LA LUCHA POR LA SUPERVIVENCIA

Hace algunos años, viendo un día un programa en la televisión del canal Discovery Channel (el cual tiene su edificio sede en la hospitalaria ciudad de Silver Spring, Maryland, Estados Unidos. Ahí he estado en varias ocasiones dictando seminarios para la prestigiosa empresa Royal Prestige, cuyo director en aquella área es mi distinguido amigo Alfredo Lara). Retomando el programa de televisión, donde se explica cómo es la vida del reino animal, se mostraba la lucha por la supervivencia en el continente africano, y salía una hermosa gacela, cuya carne es tan apetitosa para la leona, que siempre hay una lucha entre las dos por la supervivencia. Cada día en la mañana, la gacela en cuanto se levanta tiene que correr muy rápido, porque de lo contrario si no es veloz, la leona la alcanza y se la come. Pero, por otro lado, si la leona tampoco corre rápido, pues no hay desayuno y se mueren de hambre ella y su familia.

¿Nota lo que significa? ¡Lucha por la supervivencia!

Amigos, nosotros vivimos en un mundo competitivo. Todos los que venden diferentes productos y servicios están compitiendo por el ingreso, por el cheque de su cliente. Usted le quiere vender un producto o servicio a alguien, pero los demás quieren venderle también otro producto u otros servicios, todos los días. ¿Qué significa entonces? Es una lucha, es una competencia. Ahora, ¿quién es el que va a ganar la competencia? El que esté mejor preparado. ¡De ahí la importancia de capacitarnos! Hoy día el mundo competitivo de las ventas exige al vendedor; no es si quiere, no es opcional, no es si tiene tiempo y le sobra tiempo, venga al seminario, capacítese, entrénese, ¡no!, más bien exige al vendedor capacitarse profesionalmente, a fin de correr más rápido que sus competidores más veloces en la consecución de sus objetivos. ¿Y cuáles son esos objetivos? La venta, el cierre y el éxito. Sin estos logros, nunca nos convertiremos en vendedores profesionales.

TÉCNICAS Y ADIESTRAMIENTO/ CAPACITACIÓN

Por eso, mi objetivo a través de este programa educativo práctico de ventas es el de suministrarle las técnicas y el adiestramiento que, al llevarlos al campo de la práctica, nos permitan obtener el éxito.

Ese es el objetivo de esto. Ahora, ¿notó usted? Exige al vendedor profesional. ¿Por qué decimos exige?

Vamos a comparar al vendedor profesional con un jugador profesional de beisbol o de basquetbol. Piense en ello. Imagínese que el año pasado usted perteneció a un equipo de beisbol y se convierten en los campeones de su liga, ¡campeones mundiales! ¿Qué va a pasar al siguiente año? ¿Qué le va a decir a usted su *coach* o entrenador?: "No, no, tú no entrenes ¡eh!, porque tú ya eres campeón, tómate unas vacaciones, agarra un yate, vete de paseo. Tú no entrenes, nomás que los demás corran y hagan ejercicio". ¿Verdad que sería ridículo oír eso? Porque si no entrena, usted no tiene derecho a participar nuevamente en el equipo titular, y si queremos volver a ser campeones tenemos que ser mejores que el año pasado, porque nuestros competidores ahora se van a preparar más para ganarnos. ¿Entendemos, entonces, este punto? Es imperativo que sigamos preparándonos, o sea, capacitándonos.

Por eso, piense en ello a manera de reflexión: ¿Usted, vale más este año que el anterior? ¿Ha leído usted más libros? ¿Ha ido a más seminarios? Olvídese de los seminarios y la capacitación que tiene usted regularmente en su oficina, ¡no!, adicionalmente. ¡Usted tiene que invertir en libros, seminarios, audiolibros, en asistir a un colegio o adquirir nuevos conocimientos! ¡Eso marca la diferencia! ¡El adiestramiento profesional, la capacitación!, para que podamos marcar una diferencia entre nuestros competidores y nosotros. ¿Cuál es la diferencia? Capacitación.

La suerte favorece solo a la mente preparada.

Isaac Asimov

Historias que compartir

Fredy y el Mercedez Benz

Era el año de 2008, una importante empresa me contrató para dar una conferencia en su convención internacional en el famoso hotel casino *Caesar Palace* de Las Vegas, Nevada. Un día antes en el coctel de bienvenida y conforme a mi costumbre llegué una hora antes de iniciar el evento.

Para mi sorpresa, ya se encontraban ahí tres jóvenes de origen dominicano: uno radicaba en Nueva York, otro en Boston y el tercero en República Dominicana. Uno de ellos, de nombre Fredy, me preguntó:

–¿De dónde vienes? –asumiendo que yo era un vendedor de la empresa, pero seguramente ignoraba que era yo el conferencista.

–Soy Javier, de Los Ángeles, California –le dije.

Después de presentarme con los otros dos, me dijo:

–¿Sabes quién soy?

–No –contesté.

–Soy el que ganará el automóvil Mercedez Benz que rifarán mañana en la noche –un automóvil con valor de 100 000 dólares, algo que esta empresa otorga como estímulo a sus mejores vendedores una vez al año en sus convenciones.

–¿Y yo qué gano?

–Si lo gano, te daré un paseo por Las Vegas Boulevard –que es la calle principal de Las Vegas.

Aún riéndonos por la situación, comenzó a llegar el resto de la gente al evento. Nos despedimos y al día siguiente en el desayuno, lo encontré nuevamente y nos saludamos. Después, al mediodía al iniciar mi conferencia, él estaba junto a mí, comenzó mi video de introducción, se percató de que yo era el conferencista (justo en el video de mi introducción a la conferencia) y me murmuró:

–¿Por qué no me dijiste que tú eras el expositor?

–Para qué –le mencioné– si de esa forma pudimos establecer un vínculo de amistad.

Durante la conferencia, les hice una promoción especial a todos los asistentes. Ofrecí cuatro de mis audiolibros en un paquete de 120 dólares. Al terminar la conferencia, un ciento de esas personas se formaron a comprar los paquetes. Fredy pasó por el módulo y me mencionó que le interesaba, pero que no tenía efectivo en ese momento. En confianza le entregué el material y le mencioné que más tarde podría pagarlo, que aprovechara antes de que se terminara.

Al llegar la noche, ya en la cena de gala e iniciada la rifa del Mercedez Benz, quedaban 10 finalistas y Fredy se encontraba entre ellos. Continúan las eliminatorias y Fredy avanza convirtiéndose en uno de los tres finalistas.

Pero justo en ese momento, cuando más cerca estaba yo de mi paseo por Las Vegas Boulevard en el Mercedez de Fredy, pasó lo inevitable, Fredy fue descalificado y como premio de consolación le entregaron cien billetes de un dólar. Con una mirada triste, una vez sentado en su lugar, y con sus cien billetes de un dólar en la mano, me acerqué y le dije:

–¡Te felicito!

–¿Cómo? ¡Si no gané el automóvil!
–Piensa esto: ¿Cuántas franquicias de tu empresa existen en este momento en Estados Unidos? –le pregunté.
–2500 –contestó.
–Muy bien –respondí–. Tú fuiste de los mejores para calificar a esta convención, hiciste buenas ventas y además fuiste el tercer finalista. Estuviste a un paso de llevarte el automóvil. Pero ahora, de una forma seria, quiero que analices lo que te diré: Si esto lo has logrado en un par de años, sin ninguna capacitación profesional, imagínate ahora, estando tú en la empresa que estás y con la información que te estoy compartiendo en mis audiolibros, y aunado a eso, si sigues con una capacitación continua y sigues adiestrándote, agregándole a eso un plan de trabajo fortalecido con disciplina y enfoque, tú podrás a partir del día de hoy lograr resultados para comprarte el automóvil que tú quieras...

Acortando la historia y ya pasado el tiempo, Fredy se ha convertido en uno de los directores de su empresa, con una organización propia de cientos de vendedores a los cuales capacito algunas veces al año.

Por cierto, he tenido la fortuna de estar presente y pasear en el estreno de dos vehículos nuevos de Fredy (un SUV BMW y un SUV Range Rover nuevos). Esta historia nos enseña que cuando un vendedor deja de creer en la suerte o en la casualidad e invierte tiempo en su educación y capacitación profesional, logra los resultados que desea.

Voy a entrar de lleno a explicar mi programa de ventas. ¿Se acuerdan que les mencioné la experiencia gratificante e inspiradora que tuvo Joe Girard, el mejor vendedor del mundo, en mi vida profesional? Decíamos que el libro *Records Guinness* es el que señalaba que él fue el mejor vendedor del mundo, pero vamos a explicar un poco acerca de cómo lo logró. ¿Sabe cuánto le tomó llegar a ser el mejor vendedor del mundo? ¡Solamente tres años!, y lo interesante es que él se inició en las ventas después de los 40 años de edad. Nunca había vendido nada, ni siquiera canicas; es más, su sobrenombre era "Bancarrota", porque todo negocio que él abría, quebraba. Y ahora, ¡imagínese!, más de 40 años de edad, en bancarrota, una esposa y dos hijos que mantener, ¿y qué iba a hacer? Un amigo le dijo:

–Hey, vente, no te preocupes, Joe. Tengo trabajo para ti.
–¿En dónde?
–En donde yo trabajo, en ventas.
–¿En ventas? Pues si yo nunca he vendido nada.

–No te preocupes, déjate guiar, yo te voy a enseñar.
¡Sí! Es muy importante tener quien nos enseñe.

¿Sabe cuál fue su primera cartera de clientes? Tres páginas de la sección amarilla del directorio telefónico de su ciudad, ¡las arrancó! Y empezó a hacer llamadas. Pero era un hombre tenaz, con hambre, con ganas, con pasión, con visión y entonces descubrió el valor de estas cosas y las empezó a perfeccionar. Así es que en tres años se había convertido en el mejor vendedor del mundo, de acuerdo con el libro *Records Guinness*, vendiendo 150 automóviles al mes; y después se retiró y se dedicó a dar seminarios y conferencias inspiradoras. ¿Se imagina? ¿Cuántos vendedores cree usted que había en el mundo vendiendo vehículos? Miles, tal vez millones. ¿Y cuánto tenían? Muchos tenían 10, 20 o 30 años vendiendo. Pero, ¿por qué llega este hombre y hace la diferencia? ¡Dedicación! Entre las cosas que él hacía y lo ayudaron a triunfar, era no desperdiciar el tiempo.

Cuando vaya a un lugar donde hay un grupo de vendedores, ¡obsérvelos! ¿Qué hacen en su "tiempo muerto" cuando no hay clientes? ¿Contando chistes? ¿Criticando? ¿Platicando de chismes? ¿Haciendo de todo una pantomima, un teatro? Sin duda, esto no les ayuda a tener meses exitosos. La sugerencia de Joe Girard es: "Dedícate a hacer las cosas que tienes que hacer. Invierte tu tiempo en tu negocio". Porque cuando llegue el fin de mes, ¿qué vamos a decirle a la compañía a la que pagamos el automóvil o la casa, o a la financiera? O si usted paga renta, ¿qué va a decir?: "Mira, no hay cheque, pero te voy a contar el último chiste que me platicaron en la oficina".

¿Verdad que no? ¿Nota usted? Es muy importante cuál es nuestro enfoque desde que llegamos en la mañana a nuestra oficina o, bien, desde que iniciamos nuestras labores en la calle; es más, ¿somos de los que llegamos siempre tarde o después que los demás? ¿O somos de los que llegamos antes de que se abra el negocio o antes que los demás a la oficina? Desde ahí marca la diferencia en el tipo de vendedor y el tipo de resultados que vamos a obtener. ¿Somos de los que nos vamos antes que los demás o somos de los que nos quedamos hasta el final, a insistir en una llamada más, en una entrevista más, en tocar una puerta más? También eso hace la diferencia: puntualidad y concentración.

EL CICLO DE VENTAS

Entonces… regresando a Joe Girard, ¿qué fue lo que lo llevó al éxito? Tener un sistema de trabajo. Y eso es lo que yo enseño, lo denomino "El ciclo de ventas". Pero tal vez usted se pregunte: ¿por qué el ciclo de ventas? ¿Qué es un ciclo? Imagínese mentalmente una rueda, eso es un ciclo, una rueda, porque es un círculo cerrado; en donde empieza el ciclo, cuando termina el ciclo al final de la rueda, quiere decir que vuelve a iniciar. Eso significa un ciclo, algo continuo o permanente.

Voy a poner ejemplos de ciclos. Por ejemplo, el ciclo del agua: el sol evapora el agua, la condensa, forma nubes y después de que purifica el agua, nos la regresa en forma de lluvia o de nieve. ¿Y qué vuelve a pasar? Lo mismo. Nuevamente, el sol vuelve a evaporar el agua de los mares, de los ríos, de las lagunas, y vuelve a formar nubes, a condensarlas, a purificarlas y nos la regresa en forma de lluvia y nieve. ¿Cuántos años tiene ese ciclo? Miles de años, tal vez desde el diluvio en adelante.

Otro ejemplo de ciclo: las estaciones del año. Primavera, verano, invierno y otoño. Tenemos ahí las cuatro estaciones del año, siempre son las mismas. Primero va la primavera, luego el verano, luego el otoño y por último el invierno. Ahí están las estaciones del año, y no van a cambiar, porque las estaciones del año se generan debido a la conjunción de varios factores, como la inclinación que tiene el eje de la Tierra (23½ grados), más la vuelta que da la Tierra cada 24 horas sobre su eje de rotación, más 365 días alrededor del sol, su eje de traslación. Entonces, ¿nota usted? Las estaciones del año son un ciclo permanente y continuo producido por todos los elementos en conjunto ya descritos. Gracias a ese ciclo, por ejemplo, hasta los diseñadores de moda pueden planificar qué tipo de ropa hay que hacer para tal mes; los agricultores pueden predecir qué tipo de cultivo conviene sembrar o plantar en cierto tiempo, en cierto mes; ¿ve usted qué importantes son los ciclos?

En la venta es igual. En la venta también hay un ciclo, y cuando usted conozca ese ciclo y lo practique, entonces usted va a saber dónde empezar y dónde terminar.

Brevemente, los puntos principales del ciclo de ventas son:

- Prospección.
- Calificación.
- Demostración.
- Cierre.
- Entrega.
- Posventa o *follow up.*

Prospección se refiere precisamente a cómo captamos clientes o prospectos. Así se le llama a un cliente potencial, prospecto. Pero después que tenemos el prospecto, ¿qué hay que hacer? Calificación, determinar sus necesidades. Luego vendría la demostración del producto, que avive el deseo y el interés del cliente, que eleve sus emociones; y posteriormente el cierre, el negocio, obtener la venta, no una promesa de venta sino una venta real, bien establecida. Y después de ello viene la entrega, que es parte del ciclo de la venta. Y finalmente, el seguimiento, la posventa. Esto es un ciclo, parece simple, parece sencillo, pero cada paso es importante.

En este libro, vamos a analizar más adelante cómo se dividen estos pasos y en qué consiste cada uno de ellos de forma explícita.

El ciclo de ventas es muy interesante entenderlo, porque es lo que nos ayudará a tener un programa o sistema de ventas, en donde sepamos nosotros en dónde se inicia, cuáles son los pasos que tenemos que dar y entonces lograr el éxito que deseamos en ventas. No tome atajos, para el éxito en la venta necesitamos ser personas disciplinadas, cubrir cada uno de estos aspectos y conocerlos a cabalidad, para entonces poder lograr el éxito que deseamos en ventas.

Resumen

1. ¿Cuál es la importancia de disfrutar lo que hacemos?

_____

_____

_____

2. ¿Qué es el focus o concentración y cómo nos ayuda a lograr nuestros objetivos?

_____

_____

_____

3. ¿Qué importancia tiene el adiestramiento y la capacitación para alcanzar nuestras metas y la excelencia personal y profesional?

_____

_____

_____

4. ¿Por qué decimos que la "educación en ventas" no es opcional sino imperativa (obligatoria)?

_____

_____

_____

5. Describa qué es "el poder de la dedicación" y cómo lo piensa usar.

_____

_____

_____

6. Puntualidad y concentración. ¿Cómo nos beneficia cultivar estos hábitos?

_____

_____

7. Describa cada etapa del ciclo de ventas y defina lo que es un ciclo.

1.

6.

2.

Ciclo de ventas

5.

3.

4.

_____

_____

4 La prospección eficaz

El valor de la visión

Durante la Edad Media mientras se construía una catedral cientos de hombres transportaban piedras en sus lomos, con curiosidad un filósofo le preguntó a uno de ellos: "Joven, qué es lo que está usted haciendo", y el joven responde: "Cargando piedras, ¿qué no ve usted?". No conforme el filósofo enseguida le pregunta a otro de los trabajadores: "Joven, qué es lo que está usted haciendo" y este segundo joven le responde con tranquilidad y seguridad: "Construyendo una catedral".

Anónimo

El método que usemos para conseguir clientes determina nuestro éxito. Por eso, el presente tema, la prospección eficaz, nos mostrará el orden que se debe seguir y las técnicas que debemos usar para crear una abundante cartera de clientes. Además, analizaremos las reglas que hay que seguir para lograr un mejor acercamiento inicial con el cliente, y qué debemos evitar para no perjudicar nuestras ventas.

Iniciaremos por analizar la primera parte del ciclo de ventas. La primera parte, como se explicó previamente, es prospección. Su definición es: la búsqueda de los posibles clientes en una forma ordenada y sistemática.

Hagamos una pausa aquí. Nótese cómo la misma definición nos señala exactamente en qué consiste la prospección. Dice "la búsqueda de los posibles clientes" y ahí es precisamente donde comenzamos a fallar, porque, ¿qué es lo que muchas veces hacemos?, esperamos a los clientes. Inclusive, pregúntele usted a algún vendedor: "¿Qué está haciendo?". La respuesta común es: "Aquí, esperando clientes".

También, muchas veces la gente pone un anuncio en el periódico, en una revista o hace su publicidad de alguna forma, ¿y qué es lo que hace? Esperar a los clientes.

Sin embargo, la forma más efectiva de nosotros para encontrarlos es a través de la prospección ¡salga usted, busque a los clientes! O búsquelos también a través de un telemercadeo o telemarketing, o a través de anuncios en diferentes sitios de internet. Recuerde: "Una acción provoca una reacción". ¡No esperemos, busquemos a los clientes!

43

Pero ahora, note usted esto: la búsqueda de los clientes no es simplemente salir a buscar clientes, ¡no! La búsqueda de los clientes debe ser en una forma ordenada y sistemática. ¿Qué es lo que significa ordenada y sistemática? En ocasiones he conocido vendedores que, por ejemplo, en la mañana van y visitan a un cliente en un área de la ciudad, y viajan una o dos horas a otro extremo de su ciudad, o a otra área, para ver a otro cliente. ¿Es esto ordenado? ¿Es esto sistemático? ¡No! Por eso es que a veces a la gente no le alcanza el tiempo, lo pierden o bien invierten demasiado para agarrar solo un par de clientes.

Si sigues los caminos trillados solo llegarás a donde otros han llegado ya.

GRAHAM BELL

Historias que compartir

Juanita y el *Apple Concept*

Esta historia podría comenzar con "Érase una vez", ya que está incluida una manzana, jajajajá.

Hace algunos años en Phoenix, Arizona, Estados Unidos, en una de las empresas que entrenaba (varias veces al año) en esa ciudad, conocí a una muy buena vendedora de alrededor de 70 años de edad, llamada Juanita, oriunda de la Ciudad de México (CDMX, tierra de grandes vendedores). Hasta ese momento, Juanita no era una vendedora sobresaliente, y por desgracia tuvo un accidente por el que se quebró una pierna, le colocaron un yeso y comenzó a usar muletas.

Como no tenía automóvil, Juanita se transportaba de ida y vuelta en autobús. Hacía dos horas para llegar a su oficina y dos para regresar a su vivienda (cuatro horas en total), así que las horas que usaba para prospección y vender, se vieron reducidas, afectando sus resultados.

Fue entonces cuando le propuse ayudarla a convertirse en la mejor vendedora de su empresa en esa ciudad. Estaba incrédula cuando escuchó mi propuesta y con respeto me dijo:

–No, señor Javier, cómo cree usted que eso será posible. No tengo documentos legales de residencia, no hablo el idioma inglés, no tengo automóvil como ellos y aparte ando en muletas y con el yeso. ¿Y a mi edad?

–Juanita, ¿usted cree en mí y en lo que enseño? –le dije.

–Sí –respondió.

–Yo le enseñaré un sistema de prospección simple pero muy efectivo; es lo que llamo el *Apple Concept* (concepto manzana). Se lo explicaré. Donde usted vive es una manzana habitacional, delimitada por cuatro calles. Usted iniciará de su casa hacia la derecha, tocando puerta por puerta dos horas en la mañana, concertando al menos de dos a tres citas para hacer una demostración de su producto ese mismo día por la tarde. Esto lo realizará por seis días a la semana. Cuando usted termine su manzana, comenzará el mismo proceso con la manzana de enfrente, después con la de atrás, la de la derecha, la de la izquierda y así subsecuentemente. Esto es lo que yo denomino efecto expansivo en la prospección. ¿Está de acuerdo con eso, Juanita? –le dije.

–Sí, pero yo tengo que venir a mi oficina todos los días –contestó–. ¿Cómo le hago?

–Venga conmigo –le dije–, vamos con su director –una vez con él, le pedí de favor que le permitiera a Juanita solo asistir a su junta de los lunes, con la condición de que ella vendería tres equipos por semana, o sea, 12 ventas al mes.

–Pero, Javier, si yo lo que vendo es de tres a cuatro equipos al mes, ¿qué voy a hacer? –preguntó.

–Juanita, recuerde que usted me comentó que por años vendió de puerta en puerta en la CDMX y le fue muy bien, y quiero recordarle que usted tiene muchas cosas en contra como ya lo expresó, y ya no es una jovencita. Pero piense en lo que usted tiene a favor: experiencia, buenos hábitos de trabajo, disciplina y actitud positiva, y si a esto le agrega el sistema de trabajo que le acabo de compartir (*Apple Concept* y efecto expansivo en la prospección) obtendrá los resultados que queremos.

Acortando esta historia, le tomó tres meses de arduo y disciplinado trabajo a Juanita lograr el primer lugar de ventas de su empresa en esa ciudad.

En cambio, hay dos maneras de trabajar los territorios:

1. Por áreas. ¿Qué significa un área? Un territorio o una zona, como usted quiera llamarlo, significa una parte de su ciudad, o una ciudad aledaña o cercana a la suya. Entonces, es muy importante cuando usted va y trabaja un área, comienzan a conocerlo todas las personas de su alrededor, puede ir a las escuelas, a los clubes sociales, a las iglesias, licorerías, supermercados, lavanderías, parques, donde quiera lo empiezan a conocer a usted, porque penetra en esa área. Es lo que llamamos "Posicionamiento del mercado".

Entre los mismos clientes se conocen. Le vende usted a una persona aquí, y al siguiente bloque le vende a otro, ellos muchas veces son parientes o conocidos, entonces se corre la voz de que usted es un profesional y de que su producto es bueno. Eso es penetrar en el área de su mercado.

Pero si usted viene y le vende a una persona aquí y viaja dos horas para venderle a otra persona, esos clientes no se conocen ni hay penetración en el mercado. Entonces, trate siempre de trabajar un mercado, un área, una zona, hasta que completamente la abarque y penetre en ella, eso es lo que se denomina "posicionarse" con su producto o servicio.

2. Por segmento de mercado. Otra manera de trabajar los territorios, las zonas, las áreas o las ciudades es por segmento de mercado. ¿Qué significa? Bueno, vamos a suponer que usted en determinado día dice: "Hoy voy a visitar solamente restaurantes para ofrecer mi producto, o voy a visitar oficinas, o voy a visitar talleres, o voy a visitar escuelas".

Entonces, de esa forma usted segmenta el mercado, comienza a visitar diferentes tipos de personas que tienen cierto tipo de negocios en común, se especializa usted en ofrecer a esas personas su producto.

En mi caso, hay mercados que yo he llegado a penetrar. Un ejemplo: negocios de muebles. Unos son los fabricantes, conozco innumerables fabricantes de muebles, pero otros son los vendedores de muebles, las mueblerías, por eso puedo entrenar a la gran mayoría de mueblerías. Pero, por ejemplo, conozco compañías de bienes raíces, compañías que venden automóviles, compañías que venden algún otro tipo de producto o restaurantes. Entonces, se va uno enfocando en ese segmento de mercado, porque cuando una persona de una empresa sabe que usted tiene el producto o servicio que esa persona necesita y que ya se lo vendió usted a sus competidores o a alguien que hace el mismo trabajo, entonces llegan a ver que usted es una persona fiable con su producto o servicio, y que es un profesional en lo que hace.

Entonces, esa es la manera de prospectar, a través de segmentos de mercado o trabajando por áreas o zonas.

Ahora bien, en la prospección hay una regla que es importante e inviolable. "La prospección es un proceso continuo para el vendedor profesional". ¿Qué significa esto de "continuo"? Que no importa los años que usted tenga vendiendo, no me diga a mí que tiene 20 o 30 años vendiendo y ya no necesita prospectar. ¿Sabe usted?, la prospección es semejante al acondicionamiento físico que hacen los deportistas profesionales. Por ejemplo, un beisbolista profesional, puede ser que haya sido campeón con su equipo en la temporada anterior, o él mismo fue el campeón bateador, o el mejor pitcher de la liga, ¿pero qué significa? ¿Que solo porque tiene 20 años de pelotero y fue campeón el año pasado, ya no va a acondicionarse físicamente para la siguiente temporada? Sería su muerte en el deporte, sería un grave error, porque una persona que deja de entrenarse, deja de estar vigente. Al contrario, los competidores de los otros equipos ahora van a prepararse mejor para poder ganar este año a esa persona o a ese equipo que ganó el año anterior.

En la venta es lo mismo. No importa cuánto tiempo tenga usted trabajando en ventas, si quiere ser un vendedor exitoso y estar vigente, es importante que continúe permanentemente prospectando. ¿Qué quiere decir? Adquiriendo nuevos clientes. Esa es la medida sabia, porque si usted a los clientes que ya tiene en cartera les añade los clientes nuevos, es como formar una bola de nieve que crece en la medida que va rodando. Ese es el éxito en ventas, la prospección permanente.

Recuerdo… Hace algunos años, un vendedor se quejaba de que no le llegaban clientes al negocio. Dijo:

—No, es que la publicidad no funciona, necesitamos cambiar el *display* (el exhibidor), los precios están muy altos, son los mismos colores en la mercancía, etcétera.

—¡Mira!, déjate de estar culpando a cosas externas. Esas son simplemente excusas o pretextos, es muy importante que el vendedor nunca busque afuera de él la solución a sus problemas o a su baja productividad, sino que lo busque adentro de él mismo. Es muy fácil culpar, cualquiera puede culpar a los demás o a las circunstancias —le dije—. ¡No, deja de hacer eso!

—¿Vives en casa o en apartamento? —le pregunté.

—Vivo en casa, vivo en unos *town houses* (casas dúplex), ahí tenemos alberca, cancha de tenis, gimnasio y otras comodidades —me dijo.

—¡Oh sí! ¿Cuántos vecinos tienes?

—Como unos 200 —dijo.

—Y, ¿a cuántos les has vendido?

—¡Cómo! ¿A mis vecinos?

—¡Claro! A tus vecinos. ¿Acaso tus vecinos no usan el producto?

—No, no me gusta tener problemas, por eso no le vendo ni a mi familia ni a mis vecinos —me contestó.

¿Ha oído usted a alguien expresarse así? Si alguien piensa así, se daña solo, pues comienza a limitar su mercado de ventas, ya que si él no le vende a sus familiares, amigos o vecinos, alguien más lo hará. De hecho, nuestros primeros clientes deberían ser las personas más allegadas a nosotros, puesto que nos conocen y confían en nosotros. ¡Así debería ser!

Regresando a la historia de mi amigo, le sugerí:

Si hacemos lo que siempre hemos hecho, obtendremos los mismos resultados. Si queremos obtener algo diferente, necesitamos comenzar a hacer algo diferente. Haz esto: si son 200 dúplex que tienes como vecinos en tu comunidad, aparta solamente una hora a la semana y toca 10 puertas, lo cual significa que en un mes tocarás 40 puertas. Quiere decir que en cinco meses, habrás tocado las 200 casas de tus vecinos. Y después de hacerlo, dime lo que tú quieras si es que no empiezas a obtener resultados positivos.

Recuerde:

Si hacemos lo que siempre hemos hecho, obtendremos los mismos resultados.
Si queremos obtener algo diferente, necesitamos comenzar a hacer algo diferente.

Ahora le sugerí a mi amigo una técnica de venta muy sencilla pero efectiva. Le dije: "Simplemente llega, tócales y diles: ¿Qué tal? Buenas tardes, mire, mi nombre es fulano de tal, vivo en el número 10, esta es mi tarjeta, estoy a sus órdenes, este es mi producto, y tengo un precio especial para mis vecinos". Eso es todo.

Curiosamente, a la semana siguiente que fui a dar un seminario de ventas a su lugar de trabajo se me acercó este vendedor y me dijo:

–Javier, ¡funcionó! ¡Funcionó! Fui y lo hice solamente una hora en la semana tal como me dijiste y vinieron dos personas de las 10 que visité y les dejé mi tarjeta… y les vendí.

– ¡Claro! –le contesté–, porque tú los buscaste y esa fue la diferencia. Te felicito por haber puesto en práctica mis sugerencias, pues créeme que te las brindo de todo corazón, y la única forma de saber si algo funciona es poniéndolo a prueba.

La prospección debe ser la base de su esfuerzo productivo, continuamente estará localizando y calificando clientes potenciales. De tal forma que a donde vaya, deje saber a la gente quién es usted, dónde trabaja, los productos que usted tiene, y cuáles son las ventajas que su compañía y sus productos les ofrecen.

LA IMPORTANCIA DE LA PRIMERA IMPRESIÓN

Cuando yo era niño, mi padre me enseñó grandes secretos sobre la venta. Pero uno de ellos, uno de los más importantes, fue causar una buena impresión a la gente desde el principio. Mi papá tenía automóviles de sonido. No sé si usted sepa, pero años atrás, 40 años atrás, se usaban en las grandes ciudades los automóviles de sonido para anunciar productos. Se colocaban unas bocinas grandes en el techo del vehículo y con un equipo de sonido en el interior del automóvil, circulaba por las calles principales de la ciudad anunciando los productos.

Recuerdo que nosotros anunciábamos una tienda llamada "La Joya", que vendía ropa y uniformes escolares; otra tienda, "Le Parisien", que vendía telas para hacer ropa, y varios negocios más. Pero una cosa que siempre me decía mi papá:

–Hijo, si la gente no sabe a qué te dedicas, ¿cómo esperas que te compren o te contraten?

Yo tengo varias hermanas, y mis cuñados le decían a mi papá "La tarjeta más veloz del oeste". ¿Por qué? En una ocasión se cuenta que iba un señor al que no le servían las direccionales de su automóvil, y sacó la mano para señalar que iba a dar vuelta.

Cuando el señor regresó la mano para dentro del automóvil, ya traía la tarjeta de mi papá. Por eso lo llamaban "La tarjeta más veloz del oeste".

Es muy importante que usted como vendedor siempre traiga *bussiness cards* (tarjetas de presentación). Pero a veces, ¿qué es lo que hacemos? Entramos a un restaurante, a un taller mecánico o a una oficina, y alguien se muestra interesado en nuestros productos, pero como no tenemos dónde anotar su teléfono, su nombre, su dirección, ¿qué hacemos? Pedimos, a lo mejor, una servilleta prestada, o un papelito, apuntamos ahí los datos del prospecto, nos vamos, y de repente vamos en la carretera, nos da comezón en la nariz, nos acordamos que traemos una servilleta en la bolsa, nos sonamos y allá quedó tirado en la carretera el pobre prospecto. ¿Notó usted?

A partir de hoy, no importa en donde estemos, siempre debemos traer tarjetas de presentación y una libreta o una agenda donde podamos anotar la información de ese prospecto, de esa persona interesada.

PLANIFIQUE SU PROSPECCIÓN

Ahora recuerde, esta prospección debe planificarse; ese esfuerzo, para que usted lo capitalice, debe ir planificado, debe organizarse a través de una administración eficiente. Esto producirá una corriente continua de nuevos clientes y nuevas ventas. Esto será una prospección con éxito. Por eso, es muy importante que cuando usted haga su plan de trabajo semanal, que ese es el que yo recomiendo, plan de trabajos semanales, es muy importante que usted señale qué días y qué horas de esos días usted se va a dedicar solo a prospección. Es muy importante que usted tenga cada semana, días y horas específicos para salir a prospectar, tal vez casa por casa, o tal vez tiene usted un exhibidor en algún tianguis (*swap meet*), fuera de algún mercado o en algún lugar en especial. ¿Cuál es el medio que usa para atraer clientes? ¿Se va a presentar en alguna feria, en algún evento especial? Es muy importante que tengamos diferentes fuentes de prospección. (Encontrará una hoja con el plan semanal de trabajo al final del libro).

Cuando usted tiene diferentes fuentes de prospección, es semejante a cuando un río tiene diferentes arroyos que lo nutren, esto es lo que lo convierte en un río caudaloso. Igualmente sucede en las ventas. Al usar diferentes formas de prospección generamos una corriente continua de nuevos prospectos, lo que crea mayores posibilidades de venta. Aprendamos a ser personas creativas. Siempre insisto yo en esto, nunca tenga solo una manera de atraer clientes a su negocio, usando tal vez solamente televisión, o solo radio, o solo volantes (*flyers*). ¡No!, tenga usted al menos 10 diferentes maneras para atraer clientes, para atraer prospectos; lo ideal son 20, pero al menos tenga 10. ¡Y lo reto!, escriba en este momento 10 diferentes maneras de allegar clientes. Piense en eso, y cuando yo hable de cerrar ventas también lo voy a retar a que al menos escriba usted 10 diferentes tipos de cierre; lo ideal son 20. Porque si nada más tenemos una manera de atraer clientes vamos a ser vendedores pobres, y no nos quejemos, está en nosotros. Pero si tenemos 10, o 20, vamos a ser vendedores productivos, lo mismo es en los cierres.

FUENTES DE CONTACTO

Ahora bien, pasemos a analizar un siguiente punto importante: las fuentes de contacto. Ya vimos lo que es prospección, "La búsqueda de los posibles clientes en una forma ordenada y sistemática". Pero ahora vamos a ver en dónde encontrar esos prospectos o posibles clientes.

Lo que yo les decía, al menos debemos tener 10 diferentes formas de obtener o encontrar prospectos; lo ideal son 20.

1. En la casa… parientes, amigos, conocidos, vecinos y gente con la que normalmente tratamos. Sí, en su casa. Sus primeros clientes, sus primeros prospectos deben ser sus propios parientes, la gente que usted conoce y confía en usted. ¿Acaso ellos no necesitan su producto? Elabore una lista de parientes que no viven con usted y que no les ha ofrecido su producto, que ellos sepan a qué se dedica usted, de lo contrario, ¿cómo le van a comprar si no saben a qué se dedica? ¿Qué hay de sus amigos? Haga una lista de amigos, de conocidos, de vecinos, de gente con la que normalmente tratamos. ¡Hágalo! Esa debe ser su primera lista de prospectos, y a partir de ahí usted va a comenzar lo que se llama el efecto expansivo.

Tal vez usted recuerda cuando uno era niño y llovía. Se hacían grandes charcos afuera de la casa, ¿y qué es lo que uno hacía? Dos cosas: o brincaba en medio del charco, o agarraba una piedra y la tiraba exactamente en medio de este o del estanque, y luego se producía un círculo pequeño alrededor de donde cayó la piedra, uno más grande, otro más grande… eso se llama efecto de expansión. Aplicado a las ventas, usted tiene que aprender a promover sus productos primero con personas que lo conocen, que le tienen confianza, para que usted también, al mismo tiempo, adquiera confianza, y en esa medida comience el efecto de expansión.

2. Otra fuente de contacto: personas con las que hacemos negocios. Por ejemplo, piense en esto, ¿tiene usted automóvil? Tal vez me dice: "Sí, sí tengo", pero la pregunta es: ¿Le ha vendido usted a su mecánico?, ¿y por qué no? Si usted le dio dinero a esa persona por reparar su automóvil, entonces piense: "por qué no a la inversa, que él le compre a usted los productos o servicios que promueve".

Ahora, si usted es un vendedor de automóviles, piense: ¿Compró usted casa? ¿Le vendió un vehículo a quien le compró la casa? Ahora, si vende casas, tal vez contrató al que arregla rejas, o al jardinero, el que instala pisos, el que arregla techos, etc. Entonces piense: toda esa gente se convierte en prospectos que pudieran también comprarle su producto.

Esto es interminable: su mecánico, su cartero, el mesero, la agencia de viajes... simplemente siéntese y haga una lista de personas con las que usted todos los días hace tratos. Por ejemplo, si usa lentes, ¿qué significa? Que visitamos un oculista. Si estamos arreglándonos los dientes, que visitamos un dentista. Entonces, esto nos demuestra que toda persona que tratamos durante el día es un cliente potencial, por ende deberíamos formar el hábito de promover nuestros productos y servicios con ellos.

3. El siguiente punto: en la iglesia. Pero esto con respeto. ¿Qué significa? Que a veces hay algunas iglesias que tienen eventos especiales, o pueden tener sus revistas propias, o sus boletines, y de repente usted puede anunciarse, si usted lo decide hacer, invierta en eso también, es otra forma de promocionarse. Es una inversión. Pero siempre hagámoslo con respeto y con honestidad, porque la gente de nuestra iglesia, congregación o sinagoga, donde usted se reúna, son personas que lo conocen y van a preferir adquirir el producto con usted que de un desconocido. Pero si no se los ofrece, entonces cómo van a saber ellos que tiene el producto, ¿me explico?

4. Ahora bien, ¿qué hay de las relaciones profesionales? Su doctor, su abogado, su contador, o sea, es interminable la lista si se pusiera a ver eso; pero, ¿qué hacemos normalmente? Vamos al doctor y hay 20, 30 pacientes aparte de nosotros y lo que hacemos es agarrar un periódico que nos tape la cara y hasta le hacemos hoyitos para ver a qué hora nos llaman. ¡No! Si usted ya sabe que esperará una hora o dos, llévese una dotación de tarjetas, muestras de su producto, volantes o boletines, lo que usted tenga. Sea amable, salude y entréguele una muestra o una tarjeta a cada persona. No importa si usted dio 30 o 40, un solo cliente que usted obtenga hará la diferencia.

Por ejemplo, si Joe Girard viviera en su ciudad o en mi ciudad, ¿qué haría? Con seguridad iría a ver el mejor juego de basquetbol, futbol o beisbol, no importándole tanto el equipo sino donde haya gente congregada, cientos o miles, simplemente lo que él haría y así lo hacía en el momento en que la gente se levanta para festejar un gol o una canasta o un jonrón, tiraría tarjetas, cientos de tarjetas, y se iría. Ya había prospectado, eso hacía.

Con solo una persona que levantara una tarjeta e hiciera un negocio, ya estaba justificado lo que él había hecho, ¿lo hace usted? Simplemente usted o yo, puede ser que vayamos al parque a ver a nuestros hijos jugar, porque son miembros del equipo de la escuela o de un equipo de deporte, ¿y qué hacemos? Ahí está una multitud abarrotando el lugar y sin embargo nosotros, ¿qué hacemos?

No prospectamos. ¡Aproveche! Mientras festeja el gol, regálele una tarjeta al papá de ese otro niño, al mismo entrenador (*coach*) o al vendedor ambulante. Es importante que hagamos esto. Prospecte, prospecte, prospecte. Recuerde, como vendedor usted es su negocio, y a donde usted va debe hablar de su producto. A donde usted vaya hay prospectos, clientes potenciales, sin importar a dónde vaya, siempre asegúrese de que todos sepan a qué se dedica. Por favor, ¡hágalo una práctica!, ¡hágalo un hábito!, acostúmbrese a que todas las personas lo identifiquen, que se den cuenta a qué se dedica.

5. La escuela es otra fuente de prospección. ¿Va usted a la escuela? Bueno, si usted va a la escuela es muy importante que todos sus compañeros y sus maestros sepan a qué se dedica y qué es lo que vende. Ahora, si usted no va a la escuela, ¿qué hay de sus hijos? ¿Van a la escuela? ¿Va usted a las clases para padres? ¿O va usted a las reuniones que se hacen a veces para la sociedad de padres de familia? Aproveche esas oportunidades. Simplemente, si usted tiene una camiseta o una cachucha que identifique a su compañía vaya vestido con ella a la escuela, y lleve tarjetas o muestras de productos. A veces la escuela quiere reunir fondos para alguna causa, ofrézcales su apoyo donando algo de su producto a manera de una rifa, y que todos esos recibos donde la gente se inscriba en la rifa le queden a usted; son nombres, teléfonos, direcciones, son prospectos. ¿Y cuánto le costaron? A lo mejor unos cuantos centavos, pero, ¿cuánto le va a generar? Muchos pesos o dólares. Es muy importante esto, ¡dar para recibir!

6. También es importante pertenecer a organizaciones, por ejemplo, cámaras de comercio. ¿Pertenece usted a la cámara de comercio local? A veces también podríamos ser parte de organizaciones culturales, cívicas, educativas o sociales –como clubes rotarios, leones, ser optimistas–, afíliese, pertenezca a ellas. La ventaja de pertenecer a organizaciones o clubes como estos es que usted tiene acceso al padrón o lista de miembros y le será más fácil al ser parte de ellos promocionar sus productos o servicios.

7. Antiguos contactos de trabajo. Si usted trabajaba en otra industria, en otra empresa y ahora se cambió de empresa o de producto, haga una lista, elabórela, de todos sus antiguos contactos de trabajo y ofrézcales su nuevo producto, o al menos déjeles saber en dónde está usted.

8. Y gente que patrocinamos. Esta es otra excelente forma de prospectar, si por ejemplo, usted patrocina un equipo de futbol y les regala a los integrantes las camisetas con la publicidad de su empresa, será una gran forma de darse a conocer. Pero hasta el niño que está fuera del banco a veces pidiendo que le compremos un chocolate, deberíamos patrocinarlo, cómprele el chocolate y luego dele su tarjeta, pues normalmente van acompañados de sus padres, y de esta forma también ellos sabrán qué es a lo que usted se dedica, y por qué no, tal vez ellos le compren o por gratitud lo recomienden con alguien más.

Fuentes de contacto:

1. En la casa: parientes, amigos, conocidos, vecinos, etcétera.
2. Personas con las que hacemos negocio: cartero, mecánico, mesero, agencia de viajes, etcétera.
3. En la iglesia o congregación religiosa.
4. Relaciones profesionales.
5. Escuela.
6. Organizaciones.
7. Antiguos contactos de trabajo.
8. Gente patrocinada.

Herramientas de prospección:

1. Teléfono.
2. Publicidad.
3. Correo directo.
4. Boca a boca.
5. Registro de prospectos.
6. Internet.
7. Redes sociales.

Otras herramientas:

- Agenda.
- Programación semanal de trabajo.
- Reporte diario.
- Bitácora general.
- Fólder por cliente o cuenta.

HERRAMIENTAS DE PROSPECCIÓN

1. *Teléfono.* Ciertamente es una herramienta de prospección, el teléfono no es para vender, no vendamos por teléfono. Es muy importante que nosotros entendamos esto. El teléfono es para conseguir citas, el teléfono es para confirmar citas, pero no es para vender. A menos que ya sean nuestros clientes o conozcan nuestros productos o servicios, sería fácil hacerles una venta adicional. De preferencia, lo ideal sería hacer la venta en persona, pero todo depende de la industria, ya que hoy disponemos de internet, que nos permite hacer ventas en línea.

2. *Publicidad.* En la publicidad tenemos que aprender a ser muy creativos, independientemente de la publicidad que use la empresa en que trabaja (televisión, radio, internet, revistas, periódicos o *flyers,* etc.), aprenda a invertir en sus propias tarjetas, en sus propios calendarios, plumas, tazas, cachuchas, lo que usted quiera regalar; algo que haga que el cliente lo recuerde.

3. *Correo directo.* Si usted fuera cliente de Joe Girard, usted recibiría mínimo 12 cartas al año o 12 tarjetas, una vez al mes. ¿Con qué fin? Con el fin de que la gente lo recuerde. Y no necesita usted hablarle de ventas al cliente, ni de ofertas ni de especiales, ¡no! Simplemente un toque personal: "Señor, le escribo para felicitarlo por su aniversario de bodas", "Es un placer para mí recordar que en estos meses su hijo se va a graduar del colegio y estoy nada más felicitándolo". Cosas sencillas, simples, que hagan que la persona piense en usted.

4. *Boca a boca.* No olvidemos una de las herramientas de prospección más importantes: el boca a boca. Y lo voy a aclarar para que no haya malas interpretaciones; el boca a boca, estimados amigos, se refiere a la recomendación personal, hasta el día de hoy, es el más efectivo. Es como usted o yo cuando vamos al cine, y nos encanta la película, ¿qué hacemos?, ¿de qué hablamos todo el día o toda la semana? De la película. O si fuimos a un restaurante y nos encantó la comida y el servicio, a todo mundo le recomendamos que vaya a ese restaurante, ¿verdad? Pues lo mismo sucede con su producto, si usted hace buenas ventas y deja clientes satisfechos, se van a convertir en clientes leales si los cultiva, y ellos van a ser sus principales promotores. Por eso, siempre esmerémonos por ser personas honestas en nuestro trato al cliente, darles el servicio que se merecen, y cumplirles con todo aquello que les prometemos, para que entonces sean ellos afuera en la calle quienes nos estén recomendando permanentemente.

5. *Registro de prospectos.* Y esto es muy importante. Mire, lo primero que usted puede hacer es comprarse una libreta de cinco secciones, y en cada una ponga los 52 lunes del año, en otra sección, los 52 martes del año, los 52 miércoles del año, póngalos ahí. ¿Y qué significa eso? Que si usted va hoy con un cliente y le dice el cliente: "Háblame la semana que entra", solo le da vuelta a la hoja y ahí está la semana que entra. ¿Ve usted? Es muy simple, pero es muy efectivo. Ahora, si usted es más moderno y quiere traer todo en su computadora o tableta está bien, hoy día hasta en los teléfonos podemos capturar información. Pero créame, no han pasado de moda el papel y el lápiz, siguen siendo las dos herramientas más simples para el éxito. Capture toda la información, téngala. Lo mismo, tenga su agenda y haga su programación semanal de trabajo, haga un reporte diario aunque sea para usted mismo, a fin de que se autoevalúe y se dé cuenta si está avanzando en su trabajo, si ha sido disciplinado, si realmente está invirtiendo esas ocho o 10 horas que dice que trabaja. O simplemente estamos yendo a la oficina, a la tienda, o a nuestra sala de ventas físicamente. Es muy importante determinar qué es lo que hacemos con el tiempo muerto entre un cliente y otro. ¿Lo invertimos o lo malgastamos? (encontrará al final del libro una hoja sobre el manejo del tiempo).

6. *Internet.* Hoy día es importante tener presencia en internet, ya sea su propio sitio de internet o el de su empresa mediante el cual promueva sus productos o servicios.

7. *Redes sociales.* Los beneficios de las redes sociales en los negocios son incontables. Su uso como herramienta de prospección es indispensable, ya que aparte de tener presencia, es estar en contacto con clientes, conocer sus gustos, deseos y necesidades; le ayudan a generar tráfico a su negocio o sitio de internet.

Resumen

1. ¿Cuál es la definición de prospección y por qué debería ser "permanente"?

2. ¿Qué métodos de prospección usa y cuáles probará de los que aquí se mencionan?

3. ¿Qué significa trabajar por "áreas" y cuál es el beneficio?

4. Defina qué es "segmentar el mercado" y, en su caso, enumere nuevos mercados que quiera explorar y anexar a su cartera de clientes.

5. ¿Qué es el "posicionamiento del mercado" y cómo lo piensa hacer?

6. ¿Cuál es la importancia de la "primera impresión"?

7. Describa qué es "el plan semanal de trabajo" y qué beneficios obtenemos al planificar semana a semana nuestro trabajo.

_____

_____

_____

8. Haga su lista de 10 diferentes maneras de obtener clientes.

1. _____

2. _____

3. _____

4. _____

5. _____

6. _____

7. _____

8. _____

9. _____

10. _____

9. Ahora escriba las otras 10 a fin de ir a la excelencia.

11. _____

12. _____

13. _____

14. _____

15. _____

16. _____

17. _____

18. _____

19. _____

20. _____

Recuerde que el segundo esfuerzo es el que conduce a la excelencia.

10. Escriba al menos cinco herramientas de prospección.

1. _____

2. _____

3. _____

4. _____

5. _____

Lo ha terminado... ¡Felicidades!

5 Reglas básicas

Procura ser tan grande que todos quieran alcanzarte y tan humilde que todos quieran estar contigo.

Anónimo

Por fórmula creo que la humildad es la conexión directa al éxito, mantener la mente y el corazón fértil a las críticas, enseñanzas y sugerencias, el ser humilde siempre lo llevará a fructificar como persona y ser humano, nos equivocamos, pero ser humildes nos llevará a recomponer el camino y por ende a tener éxito.

Algo importante que quiero señalar ahora son las reglas básicas en la prospección, o sea, cómo romper el hielo. Es lo que los franceses llaman el *rapport*, el acercamiento inicial, cómo usted o yo nos acercamos a un cliente. Ese cliente nunca nos ha visto, no sabe nada de nosotros, ni de nuestro producto, ni de nuestra compañía. ¿Por qué va a querer invitarnos a su casa? ¿Por qué va a querer que lo visitemos en su negocio y que le hagamos una demostración de nuestros productos? Y, encima de todo, llevarnos su dinero. ¿Por qué? ¿Qué es lo que va a hacer que ese cliente le dé confianza, le dé dinero, le dé simpatía y le dé todo a un desconocido, a usted o a mí? Precisamente, las reglas básicas de la prospección. ¿Quiere conocerlas? Porque son siete, y es muy importante que cada una de ellas la entendamos y la practiquemos. ¡Sí, practiquemos! Porque a veces decimos: "Ah, eso yo ya lo sé", pues sí, pero saberlo y hacerlo es una cosa diferente.

Practiquemos las reglas básicas.

1. Saludar.	4. Preguntas de interés.	6. Observar.
2. Presentarse.	5. Escuchar.	7. Deducir.
3. Plática informal.		

Recuerde: La calificación NUNCA termina, es permanente, aun después del cierre.

1. *Saludar.* ¿La conoce? ¿Conoce usted la regla básica número uno "saludo"? ¿Y qué es un saludo? A veces lo confundimos, hay vendedores que disfrazan el saludo con la agresión. Usted se acerca a un lugar de ventas, y en vez de que le digan: "Buenos días", "Buenas tardes", "Buenas noches", ese es un saludo. Pero no, se acercan a usted diciéndole: "¿Ya tiene crédito con nosotros?", "¿y ahora qué se anda llevando?", "¿y qué le interesó?", "¿qué le gustó?".

¿Ve lo que le digo?, es muy diferente que nosotros saludemos con amabilidad a la persona, a que, en cierta forma, nos abalancemos sobre ella, con presión, con agresión. Usted no se da cuenta, pero las personas cuando se acercan y saben que hay un vendedor, inmediatamente se ponen a la defensiva, como si levantaran sus manos para protegerse y no ser golpeadas. Pero si la persona siente que usted es amigable, respetuoso, diferente, profesional, va a bajar la guardia. Cuando escuche un saludo "Buenos días", y sobre todo acompañado del saludo sin palabras, ¿cuál es?: una sonrisa. Es muy importante que en nuestro rostro se dibuje una sonrisa sincera, amable, amigable, junto con el "Buenos días", y mirar a la persona a los ojos. Pero a veces estamos agachados viendo mercancía, hablando por teléfono celular al mismo tiempo que saludamos al prospecto: "Hola, qué tal, sí, ahorita lo atiendo, eh". No, eso es falta de respeto. No rompe usted el hielo, sino que aleja al cliente.

Entonces empecemos por algo tan simple como eso, pero respetemos esa primera regla básica, saludar, ¿qué implica el saludo?:

a) Primero una sonrisa: que se dibuje en nuestro rostro una sonrisa amigable y sincera.
b) Contacto visual: dejar lo que estamos haciendo y mirar a los ojos al cliente.
c) Saludo apropiado: "Buenos días", "Buenas tardes", "Buenas noches". Y con algunos, inclusive un saludo de mano, un estrechón de manos respetuoso y sincero.

2. *Presentarse.* La técnica es simple, usted inicie la presentación. "Buenos días, mi nombre es Javier, ¿con quién tengo el gusto?". Juan, José, Pedro, la gente le dará su nombre, pero, ¿notó usted? Primero yo le doy mi nombre al cliente, esa es la técnica, "Mi nombre es… ¿Con quién tengo el gusto?". Pero a veces parece que es un interrogatorio: "Y usted, ¿cómo se llama, amigo?". ¡No! Es muy importante que seamos sencillos. Dice un principio en inglés *"Have a prospect, not a suspect"*, que traducido significa "tenga un prospecto, no un sospechoso".

Ya que sabemos el nombre del cliente, usémoslo con respeto, el nombre de la persona es muy importante. De hecho, entre las 24 palabras que se usan para apoyar la venta y realizarla, la número uno es el nombre de la persona, recuerde: "es el sonido más dulce a los oídos de una persona".

3. *Plática informal.* Use los primeros minutos de la conversación con el cliente para hablar de algo informal, no de ventas, no del producto, no de precios, algo informal (el objetivo es relajar o eliminar la tensión entre usted y el cliente). Qué tal, por ejemplo, si la persona se estacionó y usted vio su automóvil y es un color bonito, empiece por elogiar el color del vehículo. O tal vez la persona entra con sus niños, ¡elógiela! O si se enteró de que la persona es de cierto país, haga un elogio sincero sobre esa nación. Siempre haga un elogio sincero inicial al cliente. Cuando usted esté en la hora del cierre, va a ser muy difícil que ese cliente le diga "no", porque en su mente hay una referencia de empatía hacia usted, y de aprecio por ese comentario positivo inicial. Por eso siempre hágalo al inicio, no le vaya a decir ya al final cuando ya estén en la hora del cierre negociando: "Oh, se me olvidaba, qué agradable es la gente de su país", porque entonces no va a sonar sincero.

4. *Preguntas de interés.* Al usar preguntas estimulamos el intelecto del cliente, abre su mente y lo pone receptivo a nuestra presentación de ventas. Además, a través de las preguntas usted se acerca a la verdad, a saber qué es exactamente lo que el cliente necesita. Porque, recuerde, al momento que el cliente viene desconoce todo, es como el embudo, en la parte de arriba es muy ancho pero en la medida que usted hace preguntas va reduciendo la entrada. ¿Qué significa? Que usted se va centrando exactamente en la necesidad del cliente, lo que nos ayudará a determinar el producto correcto que el cliente necesita.

5. *Escuchar.* Aprendamos a escuchar a los clientes. Escuchar es la clave del éxito en la venta, no el hablar demasiado. Hay gente que dice que el que más habla es el que más vende, es un tabú; porque si yo hablo mucho y no lo escucho a usted, no sé sus necesidades. Dios nos dio dos oídos y una boca. ¿Qué indica nuestra propia naturaleza? Que para una conversación eficiente necesitamos escuchar más y hablar menos, para entender las necesidades del cliente.

6. *Observar.* Siempre observe, y más si va a una casa o a un negocio, observe todo lo que hay a su alrededor, lo cual le indicará enfrente de quién está usted, sus gustos, aficiones, creencias, etcétera.

7. *Deducir.* Si usted sigue estas reglas básicas: saludo, presentarse, plática informal, preguntas de interés, escuchar, observar, entonces podrá usted deducir exactamente la necesidad del cliente y satisfacerla a través de su producto. Y recuerde la regla, la calificación nunca termina, es permanente, aun en el cierre. Por eso, ¿recuerda el ciclo de la venta, la rueda? ¿Qué significa? Que a veces puede ser que usted esté en el cierre, pero hay necesidad de echar reversa por decirlo así, y volver a recalificar al cliente, o volver a demostrar un producto, para entonces nuevamente, con otro cierre, intentar su venta. No olvide, reglas básicas, ¿qué significa? Que debemos seguirlas. A veces no nos explicamos por qué perdemos un cliente, por qué se fue; porque a lo mejor no lo tratamos de la manera adecuada ni usamos las reglas básicas. Usémoslas, es muy importante.

Historias que compartir

Interés personal y real

Hace algunos años en la ciudad de Los Ángeles, California, Estados Unidos, fui a visitar a una compañía distribuidora de filtros de agua que contaba con una fuerza de ventas de poco más de cien vendedores. Después de haberme entrevistado personalmente con uno de los gerentes, logré concertar una cita con el dueño para cerrar la venta.

Cuando su secretaria me anunció que pasara a la oficina del dueño, al presentarme, puesto que sabía que él era español, le pregunté de qué parte de España era originario, con el fin de romper el hielo y establecer entendimiento con un punto en común.

–De Barcelona –me respondió.

Buscando el punto en común entre ambos, le pregunté: a cuál de los dos equipos de esa ciudad (Barcelona o Español) era aficionado. De forma abrupta y tosca, respondió:

–De ninguno, de hecho me corrieron de España porque no me gusta el futbol. ¿Alguna otra pregunta?

Sobreponiéndome a este hecho, y observando bien, me percaté que atrás de él había un mueble tipo librero y en la parte superior, se encontraba una figurilla metálica de unos "rejoneadores" y le comenté:

–¡Guau, qué hermosa figura de rejoneadores!

Respondiendo y preguntando:

–¿Sabes de toros?

–Sí –respondí.

–Magnífico –dijo él. Y de inmediato cambió su actitud y con gran entusiasmo continúo charlando conmigo.

Le hice referencia de mi época de vida en Tijuana, donde viví cerca de la plaza de toros Monumental y del conocimiento referente al tema. Ahí surgió un vínculo y la empatía buscada. Durante la siguiente hora él habló 55 minutos acerca de toros y ya en los últimos cinco minutos, paró, se disculpó por el tiempo y me preguntó:

—¿Cuándo comenzarás con la capacitación de mi equipo?

—Aún no hemos hablado del costo —le dije.

—Eso no importa, Javier, yo soy un tío difícil y lograste que entendiera que te interesaste de manera real y sincera en mí como persona y no en mi dinero, así que si tú puedes hacer que mi equipo haga lo mismo con mis clientes, que lo más importante son ellos, lo que te pague será bien ganado —me respondió.

Y fue así como cerré esa venta y capoteé la objeción.

NOTA: No olvide: no existen atajos para el éxito en la venta, siga las reglas básicas.

Si usted quiere ser rico véndale a la gente lo que usted quiera, pero si quiere ser millonario, véndale a la gente lo que necesite.

NAPOLEON HILL
Autor de *Piense y hágase rico.*

LO QUE NUNCA SE DEBE HACER

Ahora quiero mencionar lo que nunca se debe hacer en ventas. Ya expliqué las reglas básicas, cómo romper el hielo; pero a veces hay cosas que hacemos, y a veces las hacemos deliberadamente pensando que no hay nada de malo en ello, pero provocan que nos cancele el cliente o que simplemente el cliente no nos dé la oportunidad de sentarnos a negociar la venta.

1. *No personalizar*. Seamos respetuosos con los clientes. Hay algunas culturas, algunos países, donde se habla solamente de usted a las personas de mayor edad. Cuando se conoce a una persona, se le habla de usted, no se le tutea. Ahora bien, a veces nosotros queremos supuestamente romper el hielo de esa manera, hablándole a la persona de "compadrito", "paisano" o "fulanito", ¡no! Las personas quieren ser respetadas. Es diferente decir "señor Gilberto", "señor Javier" o "señora María", "gracias por visitarnos". La persona dirá: "Nada más dígame María, Gilberto o Javier", pero es la persona la que lo dice. Pero acabamos de conocer a veces a alguien y:

> —¿Cómo se llama?
> —Francisco.
> —¡Ah! ¿Qué pasó, mi Panchito?
> —Véngase pa'cá, mi Franki.

¡No! Respeto. No personalizar. Seamos respetuosos, aprendamos a hablarle a la gente de usted, ganémonos la confianza del cliente, y esa se gana a través del respeto. Ese es el punto número uno, lo que nunca debemos hacer. Es como la gente que hace a veces chistes sobre la nacionalidad de la persona, o sobre cualquier cosa, ¡no! Tenemos que aprender a respetar a la persona sin importar el color de su piel, la nacionalidad, sexo o sus preferencias personales. Respetemos a las personas. No personalizar.

2. *Nunca mentir*. Como lo lee… nunca mentir, y nunca es nunca. A veces algunos vendedores me han argumentado, diciendo que no hay nada de malo en las "mentiras blancas" o las "medias verdades" a fin de cerrar la venta; a través de los más de 20 años que tengo entrenando vendedores, y a través de los más de 30 años de ser un vendedor profesional, yo también aprendí esto: a nunca mentir, porque a veces uno con el afán de concretar la venta usa "mentiras blancas". No, debemos aprender a ser personas confiables y profesionales, no necesitamos mentir para vender. Hábleles lo más claro a los clientes. Si usted hace bien sus ventas y con honestidad, y le explica a sus clientes todo lo que tiene que ver con su financiamiento, lo que tiene que ver con la garantía, lo que tiene que ver con el servicio, con la calidad del producto, con las funciones del producto, ¡créame! El cliente va a confiar en usted. Pero si nosotros le mentimos al cliente, cuando él lo descubra lo más seguro es que nos cancele. Este es un aspecto muy importante, tenemos que aprender a no mentir. La honestidad genera confianza y relaciones duraderas con nuestros clientes.

3. *Nunca prejuzgar*. ¿Qué significa? Nunca se base por la apariencia de un cliente. "¡Oh, no! Mira nada más cómo viene arreglada esa persona. ¿Tú crees que trae dinero para comprar?". Puede ser que la apariencia de la persona sea modesta en su forma de vestir, o hasta un poco descuidada, sin embargo, son personas que tienen excelente crédito o traen para pagarnos. El vendedor profesional jamás debe prejuzgar a sus clientes.

Haga su tarea, a veces quisiéramos tomar atajos o vías rápidas para vender. No existen, sigamos las reglas básicas y los pasos de la venta. Es importante antes de tomar una decisión de si un cliente sirve o no sirve, si nos compra o no nos compra, o si califica o no califica, lo que tenemos que hacer es aumentar nuestras probabilidades de vender. ¿Cómo?, a través de ser más eficientes al calificar las necesidades del cliente.

4. *Reflejar malos modales.* Seamos correctos, seamos respetuosos siempre con nuestros clientes. Si vamos a su casa o a su oficina es importante nuestra forma de mirarlos; un ejemplo, el vendedor siempre ve a las damas a los ojos, del cuello para arriba, eso es lo correcto. Pero cuando nosotros distraemos la mirada hacia otras partes del cuerpo, no estamos mostrando respeto. Seamos muy respetuosos, y como este hay muchos otros ejemplos; el no interrumpir a otro vendedor que está haciendo una exposición, el no andarnos peleando delante de los clientes por una venta… Seamos respetuosos, profesionales. Cuando ya se va el cliente, ya sea que usted hable con su gerente o comente con sus compañeros, hágalo siempre con respeto hacia su cliente, evite expresiones como: "ya cayó", "una víctima más" y comentarios que reflejan falta de profesionalismo.

Estimados amigos, es apasionante hablar de ventas. Más adelante veremos exactamente los siguientes puntos que tienen que ver con el ciclo de la venta. Recuerde: "En nuestras manos está cómo lograr nuestro éxito en ventas".

 Historias que compartir

Interés personal y real

Recuerdo como si fuera hoy (aunque hace más de 30 años de eso) aquellos años en los cuales me inicié vendiendo automóviles VW en la ciudad de Tijuana, México, y no existía distribuidora de automóviles VW en la ciudad de Ensenada, ubicada como a una hora de Tijuana. De tal forma que cuando uno vendía un automóvil a alguien de esa ciudad, uno mismo hacía la entrega. Ese día llegué bien vestido, el automóvil estaba impecable, todo listo para una entrega profesional; pero recuerde que puede haber cien cosas que explicarle al cliente y uno saber 99, y la que nos pregunta es la que no sabemos y la respuesta más simple y honesta es: "no lo sé". Y mi cliente me preguntó para qué servían las dos palanquitas que venían a los lados del freno de mano del automóvil (VW Sedán) y puesto que no lo sabía, me tomó por sorpresa e inventé algo. Le dije que si había notado él que este tipo de vehículos cuando se estacionan en subida o bajada era muy fácil que se botara el freno de mano y ocurriera un accidente, y por eso habían creado este nuevo sistema llamado "freno auxiliar del freno de mano" para mayor seguridad. El cliente sorprendido me dijo: "¿Sabes una cosa, Javier? Yo tengo 20 años usando VW desde que era joven y estudiaba en la universidad y ahora traen esta innovación que sirve para abrir las ventilas o rejillas de ventilación, por eso decidí comprarlo, pero te voy a decir una cosa... Eres muy joven y tienes mucho talento; me gustó cómo me atendiste cuando fui a comprar el automóvil y el trato que me has dado, te voy a dar un consejo: nunca le mientas a un cliente, porque no sabes enfrente de quién estés y habrá clientes que, aunque tú lo ignores, pueden saber más que tú sobre ciertos temas. Pero si eres honesto, eso generará confianza del cliente hacia ti". Y hoy le doy gracias a ese cliente por esa gran lección de profesionalismo que me impartió.

Resumen

Lo invito a que describa qué significa cada una de las siete reglas básicas.

1. Saludar.

_____

_____

_____

2. Presentarse.

_____

_____

_____

3. Plática informal.

_____

_____

_____

4. Preguntas de interés.

_____

_____

_____

5. Escuchar.

_____

_____

_____

6. Observar.

_____

_____

_____

_____

7. Deducir.

_____

_____

_____

Explique lo que **nunca** se debe hacer en ventas:

1. No personalizar.

_____

_____

_____

2. Nunca mentir.

_____

_____

_____

3. Nunca prejuzgar.

_____

_____

_____

4. Mostrar malos modales.

_____

_____

_____

6 : Ser profesional

El mundo de las ventas cada día es más competitivo, lo cual exige marcar la diferencia entre usted y sus competidores, la pregunta es: ¿cómo lograrlo? La respuesta: siendo un profesional. Pero, ¿qué significa ser un profesional en ventas? Le invitamos a leer la siguiente parte, el profesional y sus características.

¿Qué es un profesional para usted? Muchas personas creen que el profesional es solo aquel que cursa una carrera en una universidad, termina su carrera y entonces se le otorga un título como profesional. Qué bueno es tener la oportunidad de ir a una universidad y cursar una carrera; sin embargo, muchas veces hay personas que ejercen una carrera dejando mucho qué desear, pues no son profesionales. Porque la definición del profesional es: "Aquella persona que es bueno en su campo, sabe por qué lo es y se esmera siempre por continuar mejorando la calidad de su trabajo, y se capacita permanentemente".

Le pregunto, si usted tuviera que someterse a una operación quirúrgica, y supiera que el médico que lo va a operar tiene 20 años de haber salido de la universidad; sin actualizarse, sin tomar seminarios, sin comprar nuevo equipo médico, sin estar al pendiente de los últimos avances médicos, ¿se dejaría usted operar por él? ¿Solo porque fue el mejor de su clase cuando se graduó? ¿Verdad que sería algo ilógico?

Poner nuestra vida en manos de alguien, sin duda alguna exige comprobar que es una persona profesional.

¡Créanme!, es lo mismo en el aspecto económico. La gente quiere depositar su confianza y su dinero en alguien que le responda cuando necesite servicio, o cuando necesite una información adicional y que no lo va a descuidar o desatender simplemente porque ya le vendió. Ser profesional es algo necesario, por eso aprenderemos cuáles son las características de un profesional.

Quisiera compartir con ustedes una historia, algo que me ocurrió hace ya más de 30 años. En ese tiempo yo vendía mayoreo de partes para automóviles, y me trasladé de mi natal Tijuana a la ciudad de Guadalajara, y aquí viene la enseñanza de César Amezcua Delgado, un gran maestro para mí.

Como a mí desde niño me ha gustado traer limpios y lustrados mis zapatos, en esa ocasión al llegar a Guadalajara, fui a un lugar que se llama "El mercado de San Juan de Dios" en busca de un lustrador de calzado o bolero. Yo, acostumbrado a Tijuana, a ver un bolero por aquí y otro a una cuadra, me sorprendí al ver 20 o 25 en un mismo lugar y pensé: "y ahora, ¿con cuál voy?". Pero aquí viene la historia. De entre los 20 o 25, sobresalía uno; no solamente por su pulcritud y su limpieza, sino por su rostro radiante de alegría, como que le daba gusto estar ahí y hacer su trabajo y atender a la gente. Su sonrisa me conquistó y me atrajo, y ese fue el primer punto. Inmediatamente, me saludó:

–Buenos días, ¿me permitiría limpiarle su calzado?

–¡Guau! –dije yo–, qué persona tan agradable.

Después de saludarnos, me preguntó:

–¿Viene de paseo o de negocios?

Me dije: ¿Cómo sabe este señor que no soy de aquí? Y le pregunté:

–¿Cómo sabe que no soy de aquí?

–Bueno, su apariencia, su tono de voz, la forma en que me está hablando me agrada. ¿De dónde es usted?

–Vengo de Tijuana, por negocios...

Me subí al asiento para que limpiara mis zapatos, y me dijo:

–¿Ya vio usted que mi cajón es más alto que los demás? ¿Que desde aquí se ve la iglesia de El Sagrario, y allá el Hotel Aránzazu? –en otras palabras me dio un tour desde el asiento de bolear.

–¡Guau! –le dije–, qué lindo está.

–Pero no quiero quitarle mucho tiempo –me dijo–, solamente quería mostrarle lo hermosa que es nuestra ciudad, y gracias por visitarla.

¿Nota usted? Ya llevaba aplicadas tres de las reglas básicas que yo enseño:

1. El saludo.
2. La presentación.
3. La plática informal.

Ahora me hizo preguntas de interés, y note, cómo aplicó también el principio de escuchar (usó las reglas básicas 4 y 5).

–Mire –me dijo–, tengo tres tipos de boleadas: la primera vale cinco pesos, es solamente lavándole el calzado con jabón, y le pongo grasa; la segunda es de 10 pesos, es lavándole el calzado, poniéndole tinta y grasa; pero tengo una que le va a agradar, porque sus zapatos son finos, esa le costaría 20 pesos.

Primera pregunta de interés (y señal de cierre) de parte mía:

–Y, ¿qué tiene esa? ¿Cuál es la diferencia?

–En primer lugar, es grasa de importación, viene de Estados Unidos, y le pongo una tinta especial y el jabón especial para la piel, de flor de calabaza.

¿Qué cree que le dije?

–Bueno, póngame la de 20.

–Muy bien.

Ahora viene todavía más cortesía para mí. Me dijo:

–Mientras le boleo los zapatos, ¿le gustaría leer? Tengo revistas y tengo periódicos, ¿qué le gustaría?

Al final del servicio le pagué sus 20 pesos y de propina le di 10 más, ¿qué significa? El 50 % de lo que me costó el producto, esta es gratitud cuando a uno le dan un buen servicio. Han pasado 30 años, pero nunca se me ha olvidado eso. Transcurrido el tiempo, cada vez que regresaba a la ciudad, lo procuraba e iba a bolearme ahí con él. Pero, esa lección de profesionalismo es lo que siempre quedó en mi mente.

No importa a lo que usted se dedique o lo que usted venda: automóviles, casas, muebles, ollas, seguros, alarmas, perfumes, vitaminas… es muy importante que como profesionales nos interesemos en la gente. No reflejemos interés en el dinero de las personas, sino en las personas como personas, como seres humanos. El dinero será una consecuencia. Por eso, vamos a analizar algunas de las características de los profesionales:

CARACTERÍSTICAS DE LOS PROFESIONALES

1. Es bueno en su campo y sabe por qué lo es. Me ha tocado ver que a veces a la gente le reconocen su buena labor como vendedor, hasta le dan una placa o un diploma, pero cuando le hacen la pregunta: "¿Qué fue lo que hizo para llegar a esto?", generalmente, ¿qué respuestas escuchamos?: "Pues trabajando", como si los otros no hubieran trabajado. ¡No!, debemos ser más conscientes y precisos de lo que hicimos, y qué tipo de actividades realizamos. Tal vez le dedicamos tiempo a estudiar, a planificar, fuimos a un seminario, leímos un libro, nos levantamos más temprano… sepa usted por qué es bueno en su campo. Es muy importante que usted, a partir de hoy, cada vez que haga una venta, al final aparte un par de minutos para saber, preguntándole al cliente, por qué prefirió el servicio o producto suyo, para que entonces usted sepa cuáles son sus puntos fuertes y se base en estos para ventas futuras.

2. Puntual y ordenado. Una característica fundamental en un profesional es la puntualidad. Además, es un signo de responsabilidad. No hay excusa para llegar tarde a una cita de un cliente. Sin embargo, a veces somos expertos en cancelar o reprogramar las citas. Cuando se nos atraviesa un buen partido de futbol, una fiesta, o algún otro asunto social, preferimos a veces esa actividad que nuestra cita. ¿A qué le estamos dando más importancia? ¿A cosas secundarias, que a lo prioritario? ¡No! Nunca cambie por cambiar una cita, sea puntual y también sea ordenado, traiga toda su documentación en su portafolio o en su maleta en orden, lo que usted necesite: contratos, calculadora, pluma, papelería, computadora, libreta, en fin todo lo que necesite. Si usted está en su oficina, procure que en su escritorio o en su lugar de trabajo esté todo lo que necesita, para que la gente vea que es una persona ordenada.

Hace unos años, mientras me desempeñaba como asesor de ventas en la prestigiosa Empresa de Mudanzas Internacionales Mayflower, en Estados Unidos, acudí a la ciudad de Garden Grove, California, para hacer un presupuesto para una mudanza que iba rumbo a Escocia; generalmente en el mercado angloamericano (de habla inglesa) acostumbran solicitar cinco o siete presupuestos sobre el mismo producto o servicio antes de tomar una decisión y obviamente esta no fue la excepción. Al llegar a mi cita iba saliendo un vendedor de una compañía de la competencia y al terminar yo de hacer mi presupuesto iba llegando otro competidor (después me enteré, por el cliente, que habían sido siete los vendedores que él citó para hacerle el presupuesto ese día).

A los dos días recibí una llamada telefónica del cliente, indicándome que quería que fuera a verlo a su casa. Al llegar ahí me indicó que él y su esposa habían decidido contratar los servicios de mudanza de la compañía que yo representaba. Hay una técnica de ventas que yo acostumbro y la comparto durante mis seminarios y es la siguiente: preguntarle a un cliente "por qué me compra", ya que eso me permite saber cuáles son los puntos fuertes de mi persona, de mi producto o de mi compañía. Y entonces utilizarlos a favor mío para nuevas ventas.

Regresemos a la historia. Cuando le pregunté por qué me había escogido a mí de entre mis competidores, él fue muy directo y exclamó: "Mira, Javier, tengo 30 años en este país (Estados Unidos) y nunca había conocido a un hispano puntual. De todos los que vinieron tú fuiste el más puntual, tu vestimenta profesional, además de saberme explicar cada una de las cosas que te pregunté, pero lo que hago resaltar es tu puntualidad".

Para obtener el éxito verdadero hágase estas cuatro preguntas: ¿Por qué? ¿Por qué no? ¿Por qué no yo? Y ¿por qué no ahora?

JAMES ALLEN

Ahora, no crea usted que yo nací puntual, lo tuve que aprender y formar el hábito de ser puntual. En mis inicios como vendedor profesional en mis primeros meses, un día por la tarde, hice dos ventas, vendí dos automóviles el mismo día, mi hora de salida era a las 6:00 p. m. y me fui después de las 8:00 p. m. para terminar mis ventas. Mi hora de entrada era a las 9:00 a. m. y yo razoné: "Bueno, si me fui dos horas más tarde, mañana puedo entrar dos horas más tarde" y llegué a las 10:30 a. m. Casi quería caravanas de mis compañeros por mi trabajo de la noche anterior. Y al pasar por la oficina de mi jefe (César Amezcua Delgado) me llamó e inició por felicitarme por mis ventas del día anterior y me preguntó: "¿Qué horas son?". Y le contesté, quitado de la pena: "Las 10:30 a. m.", y me dijo... "¿A qué horas entras?". Y le repliqué: "A las 9:00 a. m.". Me dijo: "¿Entonces?", y le contesté: "¿Entonces qué?". Y él me dijo: "Mira, Javier, cuando yo te contraté te dije que no había jóvenes en esta industria (en aquellos tiempos) pero al ver tu potencial, te capacité y te di la oportunidad, pero recuerda: 'El campeón llega primero que los demás y se va al último que los demás', por eso es el mejor. Esta es la primera y última vez que te lo digo: si vuelves a llegar tarde, pasas por tu cheque de liquidación a Recursos Humanos, porque significa que no valoras la oportunidad ni el apoyo que se te está dando".

3. Conoce su oficio a cabalidad. ¿Qué debemos conocer nosotros como vendedores? Nuestros productos, note, dije productos, no producto. Porque generalmente, su empresa vende muchos productos, ¿los conocemos todos o solo unos cuantos? Cuando conocemos nuestros productos, lo decía con anterioridad, las características, las ventajas, los beneficios de cada uno de los productos que ofrecemos, nos será más fácil demostrarlos y también venderlos.

a) Deberes. Como vendedores también tenemos deberes, ¿y cuáles son? Aparte de llegar temprano, hacer informes, inventarios, reportes, etc. Es muy importante que los conozcamos para poder llevarlos a cabo.

b) Reglamentos. ¿Respetamos los reglamentos de nuestra empresa? Hoy día, es muy triste ver cómo hay mucha gente que toma caminos fáciles, mintiendo, robando, extorsionando, pensando que no los van a descubrir; pero cuando los descubren los clientes o la empresa, terminan yéndose y con un mal récord. Es muy importante que el profesional cuide su imagen y la de su empresa, debe ser una persona honesta, íntegra y que respeta los reglamentos de ética de su lugar de trabajo.

c) Financiamiento. ¿Conocemos los planes de financiamiento disponibles en nuestra empresa? ¿Sabemos calcular los intereses y le explicamos a la gente exactamente por qué le estamos cobrando ese interés? Hay algunas empresas que acostumbran las llamadas pólizas de cancelación. ¿Las conoce usted? ¿Sabe explicárselas al cliente? ¿Respeta usted las leyes en ese aspecto? Recuerde, cuando hacemos ventas de calidad, nunca hay cancelación, son muy pocas, porque lo que hacemos son ventas verdaderas, genuinas. Un vendedor profesional no teme mencionarles estas cosas a los clientes, acerca de la garantía, las cláusulas de cancelación, acerca de financiamiento, tasas de interés, ¡no! Porque es un profesional, él sabe que si hace un buen trabajo, al contrario, la gente se lo va a agradecer.

4. Empático y entusiasta (en su trato). La empatía es ponerse en el lugar de la otra persona. Los sioux, antigua tribu de Estados Unidos de América, tenían un dicho: "Si quieres conocer a tu hermano, camina en sus mocasines una milla".

Sea empático, usted como vendedor tiene que aprender a pensar también como cliente, a fin de entenderlo. Pregúntese: si yo estuviera en esa silla y yo fuera el cliente, ¿me gustaría ser atendido por un vendedor como yo? El entusiasmo. Es la clave del éxito, es lo que le da vida, lo que le da ánimo a una relación, a una venta o a una conversación. Hasta en el tono de voz se refleja cuando alguien es entusiasta. Imagínese que usted llega una noche –cansado, agotado, hambriento– del trabajo, y lo recibe su pareja con una cara desencajada, cansada, recargándose en la estufa y meneando como a fuerza los frijoles o el guisado, y le dijera con desgano: "¿Vas a cenar o qué?". ¿Qué es lo que usted diría? "¡No!, no, no, ¿sabes qué? Mejor me voy a comer unos tacos de la esquina". ¿Verdad que no comería? Porque la actitud, el lenguaje corporal, los gestos de su pareja le estarían indicando enfado, molestia; que lo está haciendo solo por obligación, no porque realmente le nazca atenderlo a usted. ¿Entendemos ahora el punto? Cuando vienen los clientes, ¿nos encuentran enfadados?, hasta viendo a lo mejor el reloj como diciendo: "Ya vámonos, ya es hora de salir", o haciéndole señas al compañero de trabajo de que: "Sí, ya, ahorita ahí voy", como que vamos al almuerzo. Y a veces hasta se lo decimos. Yo en una ocasión llegué a comprar una torta a un restaurante y veía que no me atendían y le dije al dependiente:

–Joven, ¿y mi torta?
–¡Oh, ahora viene el otro, yo voy a salir a almorzar!

¿Se imagina usted? A los clientes no les importa ni les interesa si es nuestra hora de almuerzo, si es nuestra hora de salida, ellos esperan un servicio. Cuando hay entusiasmo hay ese interés, es muy fácil darnos cuenta de quién es entusiasta. El entusiasta llega primero que los demás, y se va al final que los demás, porque es una persona entregada a su trabajo, con pasión, que disfruta la venta. No está carrereando a la gente como corriéndola del negocio, sino que realmente disfruta. ¿Se acuerdan? Como la manzana, lo que hablábamos al principio, disfrute cada venta. ¡Cuando hay entusiasmo, se disfruta realmente la venta!

5. Critica su propia actuación. Sea buena o mala. El profesional tiene que estar dispuesto a someterse al escrutinio, a la crítica constructiva, al análisis de los demás. A mí me gusta cuando al final de un seminario o de una presentación alguien se me acerca y me da una crítica constructiva. Eso me permite aprender a hacer mejor las cosas, lejos de molestarme, lo agradezco. Eso es muy importante: aprendemos de las críticas constructivas. Y si no nos dan sugerencias o críticas, genérelas; de vez en cuando es bueno que nos acompañe algún compañero, o hasta algún jefe nuestro que tiene más experiencia que nosotros. Simplemente, dígale: "Quiero que me veas trabajando, que me escuches y me des alguna sugerencia de cómo puedo mejorar".

6. Está dispuesto a superarse siempre. Se imagina usted que alguien llegara con un vendedor o una vendedora y le dijera:

–Fíjate que acabo de enterarme que va a haber un seminario que se va a tratar de esto y esto… –y lo interrumpiesen.
–¡No!, no, no, a mí no me hablen de seminarios. Ya he tomado muchos seminarios.

O bien:

—Mira, fíjate que acabo de comprar este libro y lo disfruté, está buenísimo.
—¡No!, no, no. Yo ya he leído muchos libros.

¿Qué significa? Con todo el respeto, que no es un profesional sino un "enano mental". Así denomino yo a las personas que creen saber suficiente y por tanto no necesitan más libros, más seminarios, más cursos y más capacitaciones. La verdad es que la superación es permanente, el profesional siempre está preguntando por nuevos seminarios, comprando nuevos libros, invirtiendo en audiolibros, porque sabe que su mejor inversión es él mismo. Y en la medida que usted invierta en usted, esto se hará más evidente en la calidad de su trabajo y en su productividad.

7. Actúa conscientemente competente. ¿Qué significa? Que sabe y hace bien las cosas, es una persona competente. Se autoexamina, no le da miedo escribir sus números, no le da miedo analizar sus estadísticas, su porcentaje, de cuántos prospectos obtiene una demostración, de cuántas demostraciones cierra una venta, porque quiere hacerse consciente de esto para saber cómo mejorar y cómo elevar su productividad.

Si usted se fija un día en la televisión, mientras está observando un juego de basquetbol o de beisbol, va a notar que cada vez que alguien se pone en el *home play* para batear, o cuando se pone en el punto del tiro libre, va a notar que le ponen ahí unos números. ¿Qué significan?, su *average* o promedio y cuánta es su efectividad. Y dependiendo de esa efectividad es el dinero que le pagan al siguiente año. Es lo mismo en ventas, como vendedores necesitamos estar conscientes de qué tan buenos somos, qué tanto conocemos del producto, qué tantas técnicas tenemos de cierre, cuál es nuestro promedio de efectividad, ¿vamos avanzando?, ¿somos mejores este mes que el mes pasado?, ¿somos mejores este año que el año pasado?

Muchas veces exigimos que la empresa nos pague más o que nos suban los puntos de comisión, pero la pregunta es: ¿Nos lo merecemos? ¿Tenemos más valor que antes? ¿Hacemos mejores tratos? Piense en ello. Nosotros, para valer más, necesitamos invertir en nosotros. Si usted compra una casa hoy, y dentro de tres años usted quiere vender su casa, pero no le ha hecho ninguna mejora, ni siquiera la ha pintado, ni le ha arreglado sus pisos, esa casa se ha deteriorado. ¿Valdrá más o valdrá menos? ¡Por supuesto que menos! Ahora imagínese, por el contrario: compra usted la casa, le añade un cuarto, le pone pisos de mármol, cocina integral, cortinas bonitas, rejas, *jacuzzi*, obviamente vale más porque invirtió en ella. Es lo mismo en nosotros, nunca vea como una pérdida ir a seminarios, comprar libros, escuchar audiolibros, porque a veces la gente se excusa: "Oh, es que ahora tengo mucho trabajo, hoy no puedo ir a la capacitación", "No, es que tengo una demostración o tengo una presentación ese día, no puedo ir al seminario". "¡Oh, no, yo termino tan cansado que no tengo tiempo de leer libros!". ¿Sabe lo que usted está haciendo? Está cerrándole la puerta al éxito, porque lo que le va a permitir a usted como vendedor ir más lejos que los demás es su capacitación, es su preparación, ese es el combustible, es la gasolina de su vehículo, que es usted. Es oxígeno puro para la mente. Cuando nos capacitamos, la mente se abre, y nos da nuevas ideas, nos hacemos más creativos, más vigorosos, más entusiastas, más determinados. Nuestro carácter se reafirma. Es muy importante actuar conscientemente competentes en nuestro negocio. ¡Invirtamos en nuestra educación!

LO QUE INCLUYE UNA IMAGEN PROFESIONAL

Algo que el vendedor profesional cuida es su imagen. Sabe que "como te ven te tratan". Hay un dicho que reza: "El hábito no hace al monje, pero lo viste". Entonces, ¿cómo nos vemos?, ¿luzco profesional? ¿Qué incluye una imagen profesional? Porque la imagen profesional no solamente es nuestra apariencia externa.

Por ejemplo, ¿qué hay de nuestro pelo? ¿Cuidamos que nuestro corte siempre se mantenga nítido y delineado? ¿Qué hay de quienes usan barba? ¿Refleja descuido o una buena apariencia? Es muy importante cuidar nuestra imagen personal. Nuestra vestimenta debe ser apropiada, limpia y pulcra. Tener la precaución de no traer la ropa arrugada. Los varones tenemos que abrocharnos la camisa hasta el último botón, que vaya correctamente, inclusive hasta aprender a combinar los colores. Los zapatos deben estar perfectamente boleados. Nuestras uñas, aunque seamos varones, con manicure; desde la cabeza a los pies, todo debe reflejar pulcritud y limpieza.

¿Qué hay de nuestro olor corporal? ¡Cuidémoslo! Es muy bonito cuando una persona huele agradable, la gente quiere estar cerca de él o de ella, siempre debemos usar desodorante, especialmente los días de calor, no basta con el agua y el jabón. Inclusive, es muy bueno en el caso de los varones usar camiseta blanca debajo de la camisa, porque si solo usamos la camisa, al transpirar se pega a la piel. Imagínese, aquellos que somos de pelo en pecho, se nos pega la camisa y da mala apariencia.

Es muy importante cuidar esos aspectos externos. También debemos cuidar nuestro aliento, particularmente si hay alguien que fuma. Ellos no se percatan de que huelen a cigarro, porque su sentido del olfato está bloqueado por el mismo cigarro, pero los clientes sí lo perciben y les resulta repelente y eso a veces resulta en la pérdida de una venta. Asimismo, a las personas que ingieren bebidas alcohólicas les recomiendo que nunca lo hagan antes de una entrevista de ventas.

Así de importante como es el olor corporal, usar una buena loción, usar un buen antitranspirante, también lo es el uso de pasta dental y enjuague bucal. Créame, son cosas importantes en la venta. Por ejemplo, tal vez no fumamos, pero qué sucede si nos gusta la cebolla o ponemos mucho condimento a nuestros alimentos. Entonces debemos tomar en cuenta eso, antes de hacer una presentación de ventas. Cuidemos la apariencia, cuidemos el olor, porque eso va a hacer que la gente nos acepte en vez de rechazarnos.

Una recomendación es siempre traer una pasta dental y un cepillo. Yo procuro traer uno en cada uno de mis portafolios, así al terminar de comer en un restaurante o en el lugar que estemos nos podemos asear. Créamelo, muchas ventas se pierden a raíz de eso. Pero por otro lado, muchas ventas se ganan también al hacerlo. Algo que debemos evitar es mascar chicle pues es de mal gusto y desconcertante para el cliente.

En el caso de las damas, también es importante cuidar su apariencia, reflejar que están enfocadas a la venta profesional. Pero, ¿qué pasa por ejemplo cuando la dama no es cuidadosa y el escote del vestido es muy pronunciado? ¿O cuando las faldas son muy cortas? ¿O la ropa es muy transparente, aunque sean pantalones? A veces eso puede hacer que si va a un hogar a una demostración, tal vez la esposa del cliente sienta celos o se sienta incómoda. Además no refleja profesionalismo.

Esto es con el fin de que el cliente se concentre en nuestro mensaje y en nuestro producto, no en nuestra apariencia.

En una ocasión, una señorita me preguntó:

—Javier, ¿le puedo hacer una pregunta?
—Por supuesto —le dije yo.
—Yo tengo interés en proyectar una buena imagen, ¿qué me recomienda?

Le dije:

—Mira, en la mañana, después de que te cambies, siéntate en una silla enfrente de un espejo. Lo que tú veas, es lo que verán los clientes y los demás. Si tú ves de más, ellos también lo verán. Recuerda pulcritud en la ropa y también en los accesorios profesionales.

Como un tip para retroalimentarnos, debemos preguntar a una persona con criterio y cuya opinión respetemos, su opinión profesional y honesta acerca de nuestra imagen, incluyendo nuestra postura, caminar, voz, estilo de contacto visual. Y sobre todo ese aspecto, la voz, nuestro vocabulario, un profesional nunca usa lenguaje vulgar para hablar, ni bromas obscenas delante de los clientes o con los clientes. Cuidemos eso. Es preferible que seamos siempre conocidos como personas serias y respetuosas.

 "Así es que hay un tiempo para bromear y hay un tiempo para estar serio". Esta frase muy conocida y dicha por el sabio rey Salomón hace tres mil años. Seamos serios cuando debemos serlo, nunca nos hagamos los chistosos haciendo uso de ese tipo de lenguaje impropio para cerrar ventas.

PORCENTAJES BÁSICOS DE LA CONSTITUCIÓN DE UN EXPERTO

1. Entusiasmo: 51%. El ingrediente número uno de un experto es el entusiasmo. El 51 % de la personalidad de un experto en ventas es entusiasmo, nada lo derrota, siempre se mantiene positivo, sabe que cada día va a ser mejor. Yo tengo un dicho y me gusta decírselo a la gente: "La hora más oscura de la noche es una hora antes de amanecer". Por eso, a algunos amigos míos y clientes cuando les llamo y están pasando por un poco de dificultades, les digo:

−¿Qué pasó? ¿Cómo están?
−Aquí en la hora más oscura, pero ya sabemos que va a amanecer pronto −me contestan.
−¡Mantengan el entusiasmo! ¡Al mal tiempo buena cara! −les digo.

2. Empatía y comprensión: 25%. Este porcentaje se refiere a la personalidad del profesional. Recuerde, empatía, ya lo explicamos, es ponerse en el lugar del cliente, a fin de lograr una mejor comprensión de sus gustos y necesidades.

3. Maneras y encanto: 10%. Este se relaciona con la personalidad del experto, resaltando el respeto, la cortesía y la amabilidad como características principales en la forma de tratar a las personas.

4. Diversión: 7%. Recuerde, un poco de buen humor es necesario para mantener en un ambiente de alegría la presentación de ventas, pero no nos excedamos, sobre todo evitemos el uso de palabras vulgares o altisonantes, bromas obscenas o de doble sentido. No es la manera de caer bien a los clientes.

5. Conocimiento del producto: 7%. Ahora bien, el hecho de que usemos 7 % de conocimiento de nuestro producto en la venta, no quiere decir que debemos conocer solo 7 %. ¡No! Debemos conocer 100% nuestro producto porque no sabemos de ese 100 % cuál va a ser ese 7 % que usemos en la venta; si del principio, de la mitad o del final. Por eso debemos ser expertos en el conocimiento de nuestros productos o servicios.

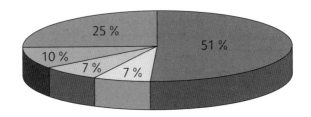

RECORDATORIO... ¡VALORE SU PRODUCTO!

Si usted no entiende su producto, ¿cómo puede entenderlo su cliente?

Si usted no tiene fe en su producto, ¿cómo puede tenerla su cliente?

Si usted no se siente feliz o motivado con su producto, ¿cómo puede estarlo su cliente?

O, imagínese que nos pregunte:

–Y usted, ¿ya tiene su producto?

–Oh no, yo no. Yo compro otra marca o compro más barato.

¡No! Siempre debemos hablar bien de nuestros productos. Sentirnos orgullosos de ellos y de nuestra compañía. Y sobre todo, sentirnos orgullosos de ser profesionales en la venta.

La parte final que vamos a analizar a continuación tiene que ver con las técnicas de cierre. Los invito, por favor, a que pongamos más de la acostumbrada atención a esta parte final.

Resumen

1. ¿Qué "podría" marcar la diferencia entre usted y sus competidores?

_____

_____

_____

2. Describa qué significa ser un profesional.

_____

_____

_____

_____

3. Lo invito a definir con sus propias palabras qué significa cada característica de un profesional:

1. Es bueno en su campo y sabe por qué lo es. _____

2. Puntual y ordenado. _____

3. Conoce su oficio a cabalidad: _____

    a) Deberes. _____

    b) Reglamentos. _____

    c) Financiamientos. _____

    d) Empático y entusiasta (en su trabajo). _____

    e) Critica su propia actuación. _____

    f) Está dispuesto a superarse siempre. _____

    g) Actúa competentemente consciente. _____

4. ¿Qué incluye una imagen profesional?

_____

_____

5. ¿Cuáles son los porcentajes básicos de un experto? Descríbalos y anótelos en la gráfica.

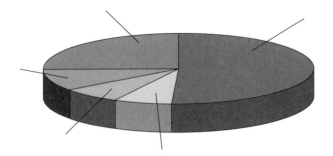

¡Estos son los porcentajes básicos de un experto en cierres!

7 Técnicas de cierre

El éxito es como una bola de nieve, necesita del momentum para formarse, pero si la movemos en la dirección correcta, va creciendo a cada paso.

Steve Ferrante

¿Cuándo fue la última vez que usted fue al médico? Piense en ello, y que le hayan recetado algún medicamento. Cuando regresó con el médico, ¿qué fue lo que él le dijo?: "Lo felicito, la medicina fue efectiva y su cuerpo está respondiendo bien" o le dijo: "Vamos a suspenderle la medicina porque su cuerpo está reaccionando". ¿Nota usted la diferencia? Cuando el medicamento es el adecuado, el cuerpo responde, es algo favorable. Pero cuando no lo es, el diagnóstico no fue el adecuado; y tal vez no por culpa del médico, muchas veces nosotros como pacientes le ocultamos síntomas al médico y nos da la medicina equivocada y por eso el cuerpo reacciona rechazándola.

Lo mismo pasa en la venta cuando nosotros, por no darnos el tiempo de calificar al cliente y escucharlo, no determinamos muchas veces sus verdaderas necesidades, y le vendemos por presión o le vendemos al cliente por la misma necesidad que él tiene, pero no le damos el producto adecuado; y, entonces, ¿cuál es la reacción del cliente? Cancelar. ¿Nota usted?

La pregunta para nosotros es: ¿Somos de las personas que cerramos el negocio, lo dejamos bien terminado, o somos de las personas que medio cerramos un negocio? Acuérdese. En inglés a un "cerrador" se le conoce como un *closer*. Pero, a veces, por no ser buenos cerradores nos convertimos en *losers*, que quiere decir "perdedores". El ser cerrador es todo un arte, es una técnica. Un cerrador en ventas es una persona que hace ventas de calidad, por eso no le cancelan, los clientes quedan satisfechos porque les dieron el producto que necesitaban, buen precio, calidad, apoyo, soporte y el servicio adecuado. Por eso es muy importante que pensemos en cómo cerrar mejor nuestras ventas.

La primera pregunta que surge es: ¿qué es el cierre?

Antes de decir qué es el cierre, deberíamos definir los objetivos que tiene el cierre. Cuando nos interesamos por entender los cierres, somos personas que aprendemos cómo establecer comunicación con el cliente. Sabemos el valor de escuchar al cliente, manejamos las objeciones, hacemos preguntas correctas y sabemos utilizar diferentes tipos de cierres, así como negociar: descuentos, plazos, regalos, etc., de tal forma que ambos ganen, usted y el cliente. Eso es realmente ser un buen cerrador, cuando nos interesamos o nos enfocamos en que ambos ganemos, ganar-ganar.

Es muy importante esta filosofía, beneficios con beneficios. Usted beneficia al cliente con un buen producto o un buen servicio, y el cliente lo va a beneficiar a usted con una buena comisión, se la merece, pues buscó el mejor producto, al mejor precio, y la mejor atención para el cliente.

EL CIERRE CON EL CLIENTE

1. La palabra "cierre" (qué significa). Cierre es el acto final de un vendedor, mediante los esfuerzos combinados de encanto, persuasión, conocimiento del producto, saber escuchar al cliente, entusiasmo, para convencer al cliente de comprar en ese preciso momento, y punto. Es el arte de obtener el "Sí". Cuando nos enfocamos en esto, cerramos, es decir, llegamos a la culminación de algo que iniciamos.

¿Recuerda el ciclo de ventas?

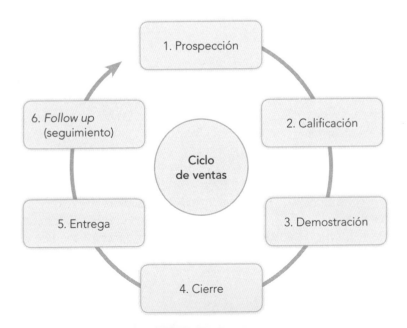

Así que el cierre es la culminación de ese proceso. Por eso necesitamos, a través de todos estos elementos que expliqué: entusiasmo, empatía, entendimiento, conocimiento del producto, ir construyendo, por decirlo así, alrededor del cliente ese cerco de protección que le ayude a tomar con facilidad la decisión de comprarnos.

2. ¿Cuál es la importancia del cierre? Bueno, recuerde: si no hay cierre, no hay venta; y si no hay venta, no hay dinero (si no hay *money*, no hay *honey*). Las empresas no pagan comisiones por "tratar de vender", sino por ventas cerradas o terminadas.

Por eso debemos darle la importancia debida al cierre. Siempre enfoquémonos a que cuando hagamos una presentación de ventas, nuestro enfoque debe ser pensar en que realmente vamos a vender, es decir, cerrar la venta.

3. ¿Cuál es la importancia de saber escuchar en el cierre? Recuerde, los clientes no son tontos y merecen respeto, y más hoy día que la gente está informada a través de internet y a través de los medios publicitarios. Cuando nos damos el tiempo de escucharlos, eso es lo que nos permitirá establecer entendimiento con ellos, es la que yo llamo "Conjunción de mentes". ¿Cómo se da esto? Voy a poner un ejemplo: si usted prende la radio de su automóvil y la sintoniza en una estación, le ha pasado que de repente otro vehículo llega y se pone al parejo de usted, pero con otra música, ¿qué hacemos? ¿Verdad que inmediatamente subimos el cristal, no queremos escuchar? Porque están oyendo otra música. En cambio, si escuchan la música que usted escucha, ¿qué hace? Hasta volteamos y subimos la mano así como en señal de aprobación. ¡Eres de los míos! Pues lo mismo pasa en la venta. Si el cliente siente que usted lo está entendiendo, va a comprarle. Haga de cuenta que cuando se topa con el cliente, usted comienza a construir en un extremo del terreno un túnel, y el cliente en el otro extremo. De tal forma que cuando vienen en la misma dirección y se encuentran, por decirlo así, ahí pueden estrechar la mano en señal de acuerdo, pero cuando no los escuchamos entonces simplemente no nos entendemos, y al no entendernos no hay venta, es como "pasar de largo" al encontrarnos.

Voy a ser muy simple y a explicarlo para que apliquemos, a partir de hoy, estos conceptos en la venta.

Existe una ciencia moderna para interpretar y entender el comportamiento humano, que a la vez nos ayuda a poder modificar o mejorar nuestro entendimiento con las personas denominada programación neurolingüística (PNL). Esta se fundamenta en la programación del sistema nervioso que es en sí el sistema del lenguaje en el ser humano. Explicado de forma simple, cualquier movimiento físico es como si se enviara un mensaje al cerebro, el cual a su vez dicta órdenes de qué tipo de comportamiento debemos adoptar. Es lo que se denomina un estado "neurofisiológico".

A manera de ejemplo, cuando una persona está triste o deprimida notará que encoje los hombros, tiene la cabeza baja y a veces hasta las manos en los bolsillos, todo eso denota tristeza y es el mensaje que recibe el subconsciente y como respuesta nos empieza a recordar experiencias tristes del pasado; por el contrario, una persona que levanta sus hombros y yergue su cabeza es muy difícil que pueda pensar en cosas tristes o negativas; como los viejos decían "al mal tiempo, buena cara"; esto es lo que se denomina una posición de seguridad o de plenitud. Lo interesante de esto es que una persona a través de su lenguaje corporal (movimiento del cuerpo) puede modificar sus pensamientos y sus emociones. Obviamente este es un tema muy profundo y lo he querido explicar de forma simple y ahora lo vamos a relacionar con el éxito en las ventas.

Cuando me inicié en la carrera de las ventas profesionales no se usaban estos conceptos, pero como lo expresé anteriormente, la actualización forma parte del éxito, por eso siempre estoy viendo qué nuevas técnicas y conocimientos puedo agregar a lo que ya sé a fin de mejorar mi trabajo y mi enseñanza. Quiero reiterar este punto, ya que si nos consideramos profesionales y estamos comprometidos con el éxito debemos cultivar el amor por el aprendizaje y actualizarnos constantemente.

Bien, ahora veamos cómo la programación neurolingüística (PNL) se relaciona con nuestro éxito en ventas. Se cree que el filósofo griego Aristóteles (siglo IV a. C.) fue quien clasificó por primera vez de forma filosófica los cinco sentidos básicos del ser humano: oído, vista, olfato, gusto y tacto. Obviamente, hoy se sabe que contamos con más sentidos, como el instinto de conservación, por ejemplo.

Sin embargo, lo que se ha descubierto a través de la PNL es que tres de los cinco sentidos básicos, aquellos que usamos en la comunicación humana son el oído, la vista y el tacto, de tal forma que existimos tres tipos de personas: los auditivos, los visuales y los cinestésicos (yo los denomino emocionales o sensibles), los cuales basan su comunicación en el tacto o la percepción.

A continuación describo la forma simple en que usted los puede identificar a través de su lenguaje, ya que cada uno cuenta con su propio vocabulario.

1. Auditivas: escúchame, óyeme, dime, explícame, dame más información, no me grites, ya te oí, etcétera.

2. Visuales: enséñame, muéstrame, mira, quiero ver, vamos a poner las cosas claras sobre la mesa, etcétera.
3. Cinestésicos: lo siento, voy a creer en ti, no me vayas a lastimar, ya me han hecho mucho daño, voy a confiar en ti (además otra característica del sensible o emocional es que tienden a oler y tocar las cosas como una forma de comunicarse o conectarse con las cosas y las personas).

He querido compartir esta información para que, a partir de hoy, le demos la debida atención a *escuchar* al cliente y *sintonizarnos* lo más pronto posible durante nuestra presentación de ventas, pues al determinar qué tipo de persona es –auditiva, visual, o cinestésica (emocional o sensible)– eso nos permitirá conectarnos con el cliente hablando su lenguaje y estableceremos la comprensión y el entendimiento que nos permita no solo determinar sus necesidades, sino también cómo ofrecerles nuestros productos o servicios de tal forma que el cliente "sienta" que está enfrente de alguien que se interesa en él y desea beneficiarlo, lo cual ayudará al cierre de la venta.

4. Cuándo se comienza a cerrar. Otro punto que quiero analizar es cuándo se comienza a cerrar. Hay muchas personas que a veces dicen que desde el principio que se topa uno con el cliente se comienza a cerrar. Como me dijo en una ocasión un vendedor en respuesta a cuándo se debería de cerrar, "¡a los cinco minutos!". Según este tipo de vendedores, hay que esperarse cinco minutos, y entonces cerrar. Siempre he sido un respetuoso de lo que piensan y hacen los demás, pero mientras no haya algo en la mente y el corazón del cliente que lo atraiga hacia su producto, es muy difícil que el cliente quiera comprar.

Voy a poner un ejemplo: hoy día se usa el microondas o las cafeteras eléctricas al preparar el café; pero recuerdo que papá o mamá ponían una olla o una cafetera con agua a hervir para poder hacer café. ¿En qué momento es cuando el agua estaba lista para hacer el café? Cuando hervía, porque de lo contrario era muy difícil que se disolviera el café y estuviera listo para disfrutarse. En la venta es lo mismo. Usted como vendedor tiene que ir tomándole la temperatura, por decirlo así, al cliente, para ver si está tibio o caliente con respecto al producto. Hay dos cosas que tienen que coincidir en el camino para que usted se lance al cierre, y son: 1. las emociones del cliente, y 2. el momento oportuno.

Cuando se encuentran en el camino las emociones y el momento oportuno, ¡ahí es donde usted debe cerrar! Eso es lo que se llama en latín el *momentum*.

Estar preparado es importante, saber esperarlo es aún más, pero aprovechar el momento adecuado es la clave de la vida.

Arthur Schnitzler

Por ejemplo, ¿ha visto a los *surfers* o los que montan olas? Si los observa, notará que inician nadando de la orilla hacia donde se forman las olas, al llegar voltean la tabla y se suben a ella, y esperan el *momentum* para que entonces la fuerza de la ola los lleve hacia la orilla.

Si se les pasa el *momentum*, son revolcados por la ola, la cual los golpea y lastima. ¿Por qué? Porque no lo hicieron en el *momentum*. Y es lo mismo con el ejemplo del café, esto también lo podemos llevar al otro extremo si por ejemplo el agua está hirviendo y usted no va y la apaga, ¿qué sucede? Se consume y se queda sin agua y sin café. Pues lo mismo pasa en la venta, si el cliente ya está listo como diciendo "véndeme" y todavía seguimos hablando, hablando y hablando, a esto se le llama "sobrevender", lo único en que termina aquello es en perder la venta. ¿Todo por qué? Porque hablamos de más. Sepa cuándo hablar y cuándo callar. Estos conceptos son muy importantes en el cierre.

Pero, ahora surge la pregunta: ¿Hay señales para que usted o yo nos guiemos y sepamos en qué momento callarnos y comenzar a cerrar? ¿O en qué momento lanzar el cierre o pedir la venta? Porque ese es otro aspecto que muchas veces descuidamos. A veces hemos hecho el trabajo, pero no nos atrevemos a pedirle la venta al cliente. ¡Pídasela!, se lo merece, dígale: "Señor cliente, creo con certeza que usted se merece el producto, y quiero que por favor se quede con él. ¿Cuál es su apellido?". (Eso se hace sosteniendo el contrato en la mano).

Cuando usted le pide al cliente el apellido, lo está forzando a tomar una decisión. Si ya está listo y compró en su mente, le va a dar el apellido; si no está listo, le va a decir "No, no, no. No escriba nada". Esa es la técnica de cierre de pedido en blanco, ya voy a explicar más adelante algunas otras técnicas de cierre.

SEÑALES DE CUÁNDO INICIAR EL CIERRE

Claro que hay señales. Así como cuando va a llover hay señales en el cielo, o cuando alguien pone agua a hervir para cocinar, hay señales de cuándo está a punto de hervir. Igualmente en la venta, hay señales de cuándo iniciar el cierre.

El cliente es como un semáforo, nos indica cuándo avanzar (luz verde), cuándo pausar (luz amarilla) o cuándo detenernos en el cierre (luz roja). Debemos aprender a identificar las señales, a fin de no sobrevender. Hay tres diferentes tipos de señales de cierre: verbales, visuales y corporales.

1. Señales verbales. Esto tiene que ver directamente con los tres tipos de comunicación que existen, que ya consideramos previamente (lenguaje auditivo, visual y emocional). Por ejemplo, qué pasa si el cliente le dice: "Sabe, me gusta el automóvil, pero… ¿También los hacen con trasmisión estándar, de cambios? O, ¿esas ollas vienen más grandes?, o, ¿tiene usted una crema que vaya junto con esta otra que me ayude en este otro aspecto de mi piel?". Cosas diferentes. Qué tal si usted vende casas y la gente le dice: "Pues sí, me gusta la casa, pero la verdad, ¿sabe qué?, lo que me gustaría es que estuviera cerca de la parada del camión, cerca de la escuela y no hubiera mucho ruido".

¿Nota usted lo que le están indicando? Que realmente quieren el producto, pero hay ciertas cosas que quieren ver si les pueden ser satisfechas. ¡Son señales verbales de cierre!

Además hay algunas otras señales, como:

> "¿Y no es muy difícil calificar para el crédito aquí?".
> "¿No quedan muy altos los pagos?".
> "¿No piden mucho de enganche o *down payment*?".

¿Nota lo que está diciéndole el cliente? ¡Que en realidad quiere el producto!… pero eso que él está preguntando, es lo que le estorba para tomar una decisión. Pero si *no* escuchamos, vamos a dejar pasar la señal verbal de cierre. De ahí la importancia de saber escuchar.

2. Señales visuales. ¿Cuándo fue la última vez que le regaló a su hijo una bicicleta? Bueno, ahora ya no quieren bicicletas ¿eh?, quieren Xbox 360, quieren computadoras, tabletas o un automóvil. Pero cuando usted le regala a su hijo algo que él quiere, ¡véale los ojos! Los ojos hablan a través del brillo, indicando su estado de ánimo, en este caso de alegría por lograr su objetivo. Los clientes son iguales, cuando encuentran algo que quieren les brillan los ojos, es el momento preciso de que usted les diga:

–¿Cómo lo ve?
–¿Le gusta?
–¿Es lo que usted busca?
–¿Es lo que deseaba ver?

Haga preguntas como estas. O a veces simplemente ellos dirán: "Hum, lo veo bien". Es lo que deseaba ver. Estas son las señales visuales.

3. Señales corporales. Una persona cinestésica o emocional (cuyo lenguaje es corporal) es muy difícil que compre sin tocar, oler o sentir el producto. Normalmente, un cliente corporal los toca, oprime, levanta, huele, saborea, etc. ¿Por qué? Porque necesita estar en contacto con el producto a través de su piel. Imagínese un cliente que quiere comprar un automóvil y no lo dejamos que lo maneje, o quiere comprar una cama o un sofá y no lo dejamos que se acueste. ¡Déjelo que lo sienta!, ya sea que esté comprando una olla, una mascarilla o una fragancia.

Deje que lo pruebe; que toque la olla, que la cargue, que se aplique la crema o que huela la fragancia. O sea, "el cliente tiene que *sentir* el producto". Cuando un cuerpo siente el producto, lo compra. Estas son señales de cuándo iniciar el cierre.

 ¿Qué clase de palabras tenemos que evitar durante el cierre?

Hay palabras que tenemos que evitar durante el cierre. Muchas personas usan palabras que echan a perder una venta cuando ya están en el cierre. Imagínese usted que está cerrándole la venta a un joven que es acompañado por una señora mayor, o a una muchacha joven acompañada por un señor muy mayor, pero con mucho dinero. Qué va a pasar si le decimos:

–Mija, ¿tu papá va a firmar aquí?
–Mijo, ¿tu mami va a firmar aquí de fiador o *co-signer*?

Echaríamos a perder la venta.

No tenemos por qué meternos nosotros en la vida personal de los clientes.

¡Respetemos sus vidas! ¡Respetemos sus preferencias!

No tenemos que inmiscuirnos en eso, tenemos que aprender a ser muy profesionales y tener tacto en la forma en que usamos las palabras.

Recuerdo la experiencia que tuve hace algunos años en una mueblería (la cual me contrató para entrenar a sus vendedores). En una ocasión entró a la mueblería una señorita con sobrepeso. Se le acercó una vendedora, queriendo hacerse la simpática: "Mire, pase, tenemos las cunas de bebé en especial". ¿Cómo reaccionó la clienta? Se molestó, replicándole: "¡Usted es una tonta, yo no estoy embarazada, soy así!", y se salió muy molesta, ¿por qué? Por haberle hecho un comentario inapropiado.

También recuerdo que en una ocasión, un vendedor que estaba cerrando un trato, ya casi al final, al correr el crédito del cliente se dio cuenta de que era un cliente excelente, tenía un récord fabuloso, pero el vendedor, según él, era experto en finanzas y se venía riendo casi en la cara del cliente, y el cliente le preguntó:

–¿Qué pasa?

–Nada –dice–, estoy viendo que tiene usted muy buen crédito, pero le vieron la cara… ¡Mire nada más, qué caro pagó en esta compra que hizo aquí!

El cliente indignado le arrebató los papeles, diciéndole:

–Yo no vengo a que ningún tonto me diga lo que hago bien o mal –rompió el contrato y se marchó.

Y todavía el vendedor cuando me platicó la experiencia me preguntó.

–¿Y qué fue lo que dije mal?

–Pues, ¿qué fue lo que le dijiste? Ofendiste al cliente. Tenemos que aprender a evitar palabras que dañen la venta.

Si los hombres han nacido con dos ojos, dos orejas y una sola lengua es porque se debe escuchar y mirar dos veces antes de hablar.

Marquesa de Sévigné

Actitudes del vendedor y el cliente
(lo que cada uno piensa en ese momento)

Siempre se ha dicho que la actitud marca la diferencia. Hay vendedores que a veces apenas va entrando el cliente por la puerta y ya lo están "juzgando" (sin siquiera haberlo tratado) diciendo: "¡Huy!, ese cliente tiene cara de malos amigos, de creído, o esa muchacha de antipática" o "ese con solo verlo sé que tiene mal crédito o de seguro viene a quitarnos el tiempo". ¡No! Es muy importante que pensemos positivamente de nuestros prospectos y clientes, porque eso es lo que nos va a permitir establecer una buena conexión emocional con ellos. Acuérdese que uno cambia el mundo que lo rodea, "la actitud es un sentimiento interno que se refleja por nuestro comportamiento externo". Se dice que cuando abrigamos buenas cosas hacia la gente, la gente va a sentir buenas cosas hacia nosotros. Si el cliente siente que usted es una persona respetuosa, empática, interesada en ayudarle, eso es lo que el cliente va a hacer, se va a dejar guiar por usted.

OBJECIÓN/CONDICIÓN

Algo que es de suma importancia en la venta es saber distinguir lo que es una *objeción* y lo que es una *condición*.

Una condición es cuando algo tiene que hacerse, y el cliente nos condiciona, quiere cierto día la entrega del producto, quiere cierto color, quiere cierto tamaño, quiere cierto descuento. Y lo que tenemos que aprender es a negociar, porque es algo que el cliente realmente necesita, y si lo ignoramos y no respetamos lo que pide será lo que haga que el cliente termine por no comprar. Así es que *no* podemos ignorar una condición en el cierre.

Las objeciones es a lo que yo llamo el mecanismo de defensa del cliente. Cuando una persona presenta una objeción es simplemente porque todavía no está convencida del producto o necesita más información para tomar una decisión. Es como si nos dijera: "¡Hey, convénceme, aún no me has convencido, dime más!", pero no nos lo va a decir de esa forma, tal vez nos va a decir que no tiene tiempo ahora, que tiene que consultarlo con su esposa, que lo vio más barato en otro lado, que no está decidido todavía, que le falta tiempo, etc. Muchas veces, simple y llanamente son *objeciones*, no es algo real en el cliente.

A diferencia de la objeción, es algo que tiene que hacerse o es una necesidad real del cliente. Ejemplos: fecha de entrega del producto, cierto color o tamaño, etcétera.

Entonces, si un cliente entra y me dice que se acordó que tiene una cita y no tiene tiempo para quedarse, y yo le digo: "Está bien. Tenga, aquí está mi tarjeta, y que le vaya bien", lo único que estoy haciendo es echarlo de la tienda. Yo no estoy seguro si es objeción o condición, tengo que, al menos, hacer uno o dos cierres para determinar eso. ¿Cómo lo hago? Bueno, la venta es como jugar tenis, o ajedrez. La persona que está al otro lado de la cancha de tenis o del tablero de ajedrez no es su enemigo, es su contraparte, y es el que le permite a usted agilizar sus habilidades y conocimientos del deporte. Entonces, el cliente es igual, es su contraparte. ¿Qué es lo que tenemos que hacer? Responder. Es como regresar la pelota a su cancha.

MANEJOS DE OBJECIÓN

"Mecanismo de defensa del cliente, es cuando una persona todavía no está convencida del producto o necesita más información para tomar una decisión".

Hay cuatro formas de manejar una objeción:

1. Ignorándola. Ignórela. Qué pasa, por ejemplo, cuando un cliente llega y lo primero que dice es: "Huy, están muy caros ¡mire!, qué caro está aquí. Te dije que estaban muy caros". No se ponga a discutir inmediatamente con un cliente si está caro o no. Mejor maneje la situación, salúdelo:

–Señor, mi nombre es Javier, ¿y el suyo?
–Juan.
–Señor Juan, mucho gusto. Oiga, por cierto, ¡que hermoso está el color de su automóvil! Es suyo aquel automóvil, ¿verdad?
–Sí.
–¡Qué bonito está! ¿Viene así de fábrica o lo mandó pintar?
–No, fíjese que lo mandé pintar.
–Qué bonito está. ¿Se puede saber, si no es indiscreción, cuánto le costó la pintura?
–No pagué tanto.
–Señor Juan, realmente lo felicito, está hermoso, tiene muy buen gusto.

¡Nota usted! ¿Se acuerda él de que está cara la mercancía? ¿Verdad que no? ¿En qué está pensando ahora? En lo que usted lo obligó a pensar, en su automóvil, en algo que a él le gusta. Entonces, eso es lo que tenemos que aprender a hacer, a no ponernos a discutir con los clientes inmediatamente.

2. Contestándola al final. "Mire, me interesa mucho responderle ese punto, ¿quisiera recordármelo al final de la plática?". Y muchas veces, como era una objeción, ni siquiera lo va a recordar, ni lo volverá a mencionar.

3. Anticípese. Menciónela usándola a su favor. Vamos a suponer que está vendiendo un mueble, y trae una raspadura, y todos los clientes que han venido ponen como objeción la raspadura del mueble y quieren que se les baje el precio, pues ahora usted antes de que hable del precio hable de la raspadura, de esa manera usted se anticipa, usando la objeción que ellos pensaban utilizar y, ahora sí, hábleles del precio.

4. Respondiéndola. Sí, habrá ocasiones en que tendrá que contestar o responder a la objeción. Porque si no la responde puede perder la venta.

¿Nota qué importante es esto? Manejar las objeciones y las condiciones de una forma adecuada.

Nota de precaución: Es usted, el vendedor profesional, quien deberá determinar cuál de las cuatro formas de responder a una objeción deberá usar en cada situación.

Las cuatro formas de manejar una objeción:

1. Ignorándola.	3. Anticipándose.
2. Contestándola al final.	4. Respondiéndola.

EJEMPLOS DE MANEJO DE OBJECIONES

¿Qué hacer cuando escuchamos las siguientes objeciones?

Por ejemplo… "No tengo tiempo", una objeción muy común: ¿Recuerda la pelota? Pues regrésela a la cancha del cliente: "¿De cuánto tiempo dispone?". Porque, acuérdese, lo que usted quiere determinar es si se trata de objeción o condición. Si es objeción, el cliente se va a reír, porque no es eso, sí tiene tiempo, pero lo está poniendo simplemente como un escudo; pero si es condición el cliente le va a decir: "Mire, es mi hora de almuerzo y vine a hacer un pago, solo dispongo de 10 minutos", muy bien. ¿Qué va a hacer usted? Enfóquese al cierre: "Para ayudarle, ¿quisiera decirme cuál es el producto específico que busca? ¿Algún modelo en particular de televisor? ¿Algún automóvil en particular? ¿Algo que le interese?".

"Voy a regresar". Es otra muy común. "Yo regreso, luego me decido", regrésele la pelota. "Señor Gutiérrez, si usted se va ahora y desea más información, va a tener que volver o tendrá que llamarme. Ya estamos aquí, dígame, ¿qué es lo que desea saber?, o, ¿qué es lo que le impide tomar una decisión hoy? ¿Por qué tendría que regresar?". Lo que busca saber es si se trata de una objeción o una condición.

"Lo voy a pensar". Esta es muy parecida a la de "voy a regresar" manéjela de una forma semejante.

"Lo consultaré con mi esposa". Esta objeción es muy común y una manera de manejarla es la siguiente: si es una persona visual, trabaje en su visualización. Por ejemplo, hágalo imaginarse escenas en las que la esposa esté disfrutando de ese producto si él lo comprara y le diera la sorpresa. Dependiendo de la respuesta del cliente, usted sabrá si es objeción o condición. Si él insiste en que "lo consultará con su pareja", dejaría de ser objeción y se convertiría en condición.

"Lo he visto más barato". Cuando alguien le dice esto, no se ponga a argumentar: "No creo que alguien lo tenga más barato, o caro comparado con quién". ¡No! Si en su empresa existe lo que se llama "Igualación de precio" o *matching price*, si alguien le trae algo más barato usted se lo puede dar a ese precio. Pero primero asegúrese de que realmente eso es cierto, porque hay muchos clientes que desde su casa se ponen de acuerdo para llegar con el vendedor y bajarle el precio. Esto es lo que se dicen. "Mira, cuando estemos ahí con el vendedor, acuérdate que yo voy a decir que lo hemos visto más barato, eh, sí y tú me sigues la corriente". No caiga en ese juego, acuérdese, maneje esa objeción.

Generalmente las objeciones se identifican porque las va cambiando la persona. Primero nos dicen: "No tengo tiempo". Lo vence usted con un cierre. Entiendo, le dice: "Voy a regresar". Lo vence usted con otro cierre. El cliente le dice: "Lo voy a pensar" y luego le sale con que lo va a consultar con su esposa. ¡Son objeciones!

Pero, si desde el principio le dicen. "Lo voy a consultar con mi esposa", y usted le hace un cierre, y le vuelve a decir: "Créame, me gusta el producto pero lo voy a consultar con mi esposa", y usted le hace otro cierre y ahora le dice "Mire, me cae muy bien y también el producto, pero créame que lo voy a consultar con mi esposa", esa es una condición.

Ahora bien, los puntos que queremos examinar son las razones por las cuales la gente compra.

LAS CUATRO RAZONES PRINCIPALES POR LAS QUE LA GENTE COMPRA

1. *La familia*. La gente compra al pensar en la familia, pensando en el bienestar de la familia o satisfaciendo sus necesidades.

2. *El negocio.* Hay mucha gente que lo hace por invertir, por ende, son los clientes que tienden a aprovechar las oportunidades de compra.

3. *El futuro.* A la gente que le gusta la seguridad y la estabilidad, quiere algo que le dure. Cuando una persona compra pensando en el futuro, ¿usted cree que va a querer algo de mala calidad o barato? ¡No!, ella quiere lo mejor que haya, lo que más le vaya a durar, lo que esté asegurado. Generalmente buscan garantía en su producto.

4. *La seguridad.* Por ejemplo, si usted vende automóviles y se le acerca un matrimonio que tiene niños. Más que el reproductor de CD, la tapicería de piel o algún otro accesorio, lo que le interesa saber y tiene mayor importancia para ellos es si las puertas de atrás cuentan con sistema de seguridad, para que no se abran por dentro, para que los niños vayan seguros.

Entonces, necesitamos descubrir cuál de esos cuatro puntos es lo que ha hecho que el cliente quiera comprar:

> ¿Es la familia?
> ¿Es el negocio?
> ¿Es el futuro?
> ¿Es la seguridad?

Con base en esto, enfoque su presentación de ventas.

POR QUÉ CERRAR TRES A CUATRO VECES POR CADA VENTA

Muchas veces es porque los clientes son astutos, conocen del producto (hoy más que nunca, pues disponen de información a través de internet, donde pueden hacer comparaciones de productos, precios, calidad, etc.). En ocasiones es porque el cliente quiere más información, nos hace preguntas. Si nosotros no tenemos una variedad de al menos 10 cierres, a esto le llamo "el arte de cerrar", estaremos perdiendo ventas. ¿Recuerda lo que hablábamos al principio? Una variedad de herramientas, no solo un martillo, porque si no vamos a querer dar de "martillazos" a todo el mundo. Necesitamos tener desarmador, pinzas, etcétera.

TIPOS DE CIERRE

1. Pedido en blanco, o cierre inducido. Se acuerda que yo mencionaba que pidiéramos el apellido al cliente (sosteniendo el pedido en blanco en la mano). Entonces, si el cliente nos da el apellido es porque realmente ya compró, y siga llenando la información: "Muy bien, señor González, ¿a qué dirección quiere que le enviemos su mercancía?", y el cliente le va a seguir dando los datos, "su número de teléfono de casa, su celular, su número de seguro social…", empieza usted a llenar el pedido. No hay resistencia en el cliente porque él ya compró. Pero si el cliente en su mente no ha comprado y no está listo, lo más seguro es que cuando usted le pida el apellido él se haga para atrás y le diga: "No, no, no, espéreme, yo no he dicho que lo quiero… no escriba nada". Es muy importante entonces que nosotros respetemos eso.

2. El cierre de ignorar. ¿Se acuerda de lo que mencioné, cuando alguien dice que es muy caro el producto? A veces simplemente tenemos que ignorar y seguir adelante. Yo recuerdo un amigo mío que cada vez que le decían no, él seguía adelante. Hasta que el cliente le dijo:

–Bueno, ¿es que está usted sordo o qué?
–¿Perdón?
–Que si está usted sordo.
–Oh, sí, pero me da pena a veces decírselo a los clientes.

¿Usted cree que estaba sordo? No estaba sordo. Pero, ¿qué es lo que él hacía? Determinaba si era objeción o condición, de esa forma creaba entendimiento con el cliente.

Recuerdo a otro amigo mío. Hace muchos años, vendíamos automóviles nuevos y cuando él iba a cerrar un trato a un negocio, o a una casa, normalmente lo que les decía era:

–¿Me regala un vaso de agua?
–Sí.
–Es que no me he tomado mis pastillas para el corazón. Y como el médico me ha prohibido que haga corajes o malos momentos, usted sabe, hay que cuidar mucho esto.

Se tomaba su pastilla enfrente del cliente, ¿usted cree que el cliente quería discutir con él? ¡Por supuesto que no! Pero son cosas que suceden. Tenemos que aprender a ser personas más ágiles en nuestra forma de tratar a los clientes, sin necesidad de usar artimañas, más bien como profesionales saber manejar las objeciones de forma correcta y usar el tipo de cierre apropiado para cada cliente.

3. Pregunta secundaria. Recuerdo que en una ocasión estaba yo en un negocio y llegó un cliente y le dijo al vendedor:

–Oiga, este sofá, ¿lo tiene disponible en café?
–Huy, sí –dijo–. Tenemos como cien en la bodega.

¿Qué fue lo que hizo el cliente? Volteó hacia su esposa y le dijo:
—¿Ves? Te dije que había muchos y tú apurándome. ¡Vámonos! Ahí venimos para el fin de año.

¡Cuidado con eso! Es muy importante que usted haga una pregunta secundaria para que cierre el negocio. Por ejemplo:

—¿Tiene usted en color café?
—Bueno, señor Salazar, el café es un color muy especial y normalmente no nos lo mandan de fábrica. Si yo le consigo el color café, ¿se quedaría con él hoy?

¿Notó? Hágale la pregunta, regrésesela al cliente. Usted también quiere saber qué tan serio está el cliente en hacer el trato, si el cliente le dice sí, entonces vaya y dé una vuelta, salude a su *manager* (gerente) y entonces venga y dígale al cliente que le tiene buenas noticias, que le consiguió el sofá café. ¿Nota? Se logró el cierre gracias a la pregunta secundaria.

4. El cierre del cachorro. ¿Se acuerdan que hablaba del niño al que le compramos el chocolate por un dólar o dos dólares, pero que está la mamá viendo cuando usted le da los dos dólares del chocolate y la tarjeta? Cierre del cachorro quiere decir: "dejar que el cliente use o pruebe el producto". Por ejemplo, cuando va a comprar un automóvil, ¿por qué cree que insisten en que usted primero lo maneje? Para que disfrute y se sienta bien. Si usted es un vendedor de automóviles, acomódele a su gusto el asiento al cliente, los espejos retrovisores, los espejos de los lados, préndale la música en la estación que al cliente le guste y el aire acondicionado, si está haciendo calor. Entonces, al sentarse el cliente disfrutará la experiencia, pues estará probando el producto.

Cuando yo vendía automóviles no solo les daba una vuelta alrededor de la distribuidora, sino que les preguntaba en dónde vivían y los llevaba ahí, me interesaba no solo saber que el vehículo funcionara bien y subiera si había subidas por ahí, también que lo vieran los vecinos, su familia. "¡Hey! ¡Qué bien te ves en ese carro, Gilberto! Te queda, está muy bonito". ¿Usted cree que se quería bajar de ese automóvil cuando regresábamos? ¡No!, ya veía feo y viejo al otro. Ese es el cierre del cachorro, piense en ello, es muy importante. ¿Por qué cree que muchas compañías le dan una probada del producto al cliente? ¿Le hacen un maquillaje o un facial gratis? ¿Le dan una probada de la loción? Piense. ¿Puede ir y cocinarle algo en sus productos al cliente? Es muy importante que entendamos el cierre del cachorro y cómo nos ayuda en la venta.

5. El cierre de Columbo o de último recurso. Esto es muy importante. Muchas veces sucede que usted le habló al cliente, hizo todo el trabajo, pero parece que nada lo convence y este hasta se despide: "Pues, muchas gracias por atenderme, ya me voy", o la otra, "Deme su tarjeta y yo le llamo"; y se pone de pie... Ahí es donde usted debe usar el cierre de Columbo. Algo así:

—¿Me permitiría, señor Flores, hacerle una pregunta?

—Sí, dígame.

—Quiero preguntarle, porque mi trabajo aquí es ayudar a la gente. Esa es mi filosofía, ayudar a las personas. Me gusta que la gente sea feliz, creo y estoy convencido de que tengo un buen producto y a un buen precio, pero a lo mejor hubo algo en mí que falló. ¿Lo traté mal? ¿Hubo algo en mi persona que no le gustó?

—No, no, señor Javier, me agrada su personalidad y cómo me trató.

—Señor Flores, tal vez fue algo en el precio. ¿Se le hizo muy caro?

—No, es más, créame que lo vi más barato (porque los clientes hasta nos dan más información).

—Bueno, señor Flores, tal vez fue el enganche o *down payment*. ¿Se le hizo muy alto…?

—No, es más, traigo yo aquí 500 dólares más para el enganche.

¿Se fija? A veces los clientes nos dan información adicional para el cierre.

—Señor Flores, si no fue mi persona, si no fue el precio, si no fue el enganche, tal vez fueron los pagos, ¿se le hicieron un poco altos?

Si se queda callado, ahí está el problema. El que calla, otorga. Ese es el cierre de Columbo, ya descubrió el punto, entonces es como los médicos cuando le dicen:

—¿Le duele aquí?

—No.

—¿Aquí?

—No.

—¿Aquí?

—¡Ay! Ahí sí.

—Ahí sí.

Eso es lo que tenemos que hacer, descubrir exactamente qué es lo que le está impidiendo al cliente tomar la decisión y comprar.

Nota: Le puse el nombre del cierre de Columbo tomado de un personaje de una serie televisiva, donde el actor principal era un detective llamado Columbo, cuya sagacidad consistía en descubrir los casos a través de una serie de preguntas.

6. El cierre de compra anterior. Los seres humanos somos más emocionales que lógicos y desarrollamos aprecio por las cosas que poseemos, no importa si se deterioran o tienen una fea apariencia, nos siguen gustando o las queremos; esto es lo que se denomina "valor estimativo", de tal forma que cuando criticamos una posesión del cliente o algo que él compró anteriormente es como si lo atacáramos, y lo más seguro es que se bloquee y aunque puede ser que le interesara nuestro producto, debido a nuestras críticas lo perderemos.

Historias que compartir

Cochabamba

Quiero compartirles una experiencia que me ocurrió mientras trabajaba como asesor de ventas en la compañía de mudanzas internacionales Mayflower. Mi trabajo era vender mudanzas para cualquier parte del mundo, desde unas cuantas cajas, hasta un menaje completo, incluyendo automóviles y maquinarias.

Llegué a la casa de mi clienta, cuya mudanza iba hacia Cochabamba, Bolivia (una de las partes más altas del mundo); por ende, el costo de envío era muy alto y yo le sugerí que para bajar costos empacara ella misma sus pertenencias en las cajas apropiadas, pero junto a las cajas estaba una cama plegable muy deteriorada. Obviamente, pensando en ahorrarle dinero le pregunté si todo lo que estaba en el cuarto iría y me contestó que sí, y siendo más directo le pregunté qué objeto era el más importante y no se podía quedar si es que decidía eliminar algo para bajar costos, y sin titubeos me respondió: ¡La cama!

Usando la técnica del cierre de pregunta secundaria, le pregunté cuál era la razón que le tuviera tanta estima, y me contestó:

—Señor Javier, mi madre y yo llegamos hace 25 años aquí a Estados Unidos de mi natal Bolivia. Los primeros seis meses dormimos en el suelo, y la primera cama que compramos fue esta. Mi madre murió hace cinco años y yo hice un juramento: que a mi regreso a Bolivia me llevaría la cama, pues sería como regresar a mi madre a su tierra natal.

Se imagina usted si yo, aunque fuese con buenas intenciones de ahorrarle dinero, hubiera criticado su cama, quizá hasta diciendo: "Me imagino que esa cama destartalada no va, ¿verdad?". Lo más seguro es que hasta me hubiera corrido de su casa, pues no solo le faltaría al respeto a ella, sino que hubiera sido un agravio hacia su mamá.

Espero que con este ejemplo le quede claro la importancia del respeto a la compra anterior (posesiones de nuestros clientes). Esto debería ser una regla en ventas, nunca debería criticar ni al cliente ni a sus pertenencias.

Tipos de cierre

1. Pedido en blanco o cierre inducido.
2. El cierre de ignorar.
3. Pregunta secundaria.
4. El cierre del cachorro.
5. El cierre de Colombo.
6. El cierre de compra anterior.

Es muy importante que usted conozca todos estos aspectos de la venta.

LA ENTREGA

Estimado amigo, para finalizar el ciclo de la venta, hay dos cosas finales que tienen mucha importancia: la entrega y la posventa. Generalmente la pérdida de clientes y cancelaciones se debe al descuido de esas áreas.

Por tanto, quiero compartirle algunas cosas que debe hacer después del cierre. Con respecto a la entrega (el momento en que físicamente entregamos el producto al cliente), debe convertirla en un momento de felicidad para el cliente, haciéndolo olvidar cualquier irregularidad que se hubiese presentado durante el proceso de la venta.

Es importante que se tenga una ceremonia en donde se entreguen los productos con profesionalismo, nos aseguremos de que el cliente entienda el manejo del producto, que conozca todo lo referente al seguro, al servicio y a la garantía.

Historias que compartir

Entrega profesional

Cuando yo trabajaba en la Datsun (a partir de 1984 Nissan), enfrente de nuestra concesionaria estaba la Chrysler y yo era muy amigo del velador. Él me platicó una experiencia que ilustra la importancia de hacer entregas profesionales de nuestros productos o servicios hacia el cliente.

En aquellos días salieron al mercado los primeros automóviles computarizados que hablaban, los *Newyorkers*, y un señor originario de El Valle de Mexicali (zona agrícola) compró uno y viajó desde su hogar (aproximadamente dos horas de distancia) y llegó algo tarde a recogerlo, a las 19:00 o 20:00 horas, y el vendedor algo molesto por la demora del cliente no se dio tiempo para explicarle el funcionamiento del vehículo, solo le entregó las llaves y se despidió argumentando que ya era tarde.

En su camino de regreso, después de descender una zona montañosa llamada La Rumorosa, hay un camino plano y una laguna (la Laguna Salada). Decidió estacionarse a la orilla del camino para ir al baño y en esa área cuando no hay luna es como una cueva de lobos, muy oscuro. Al bajarse del automóvil escuchó una voz en la penumbra que decía "Las luces están prendidas", "La puerta está abierta" y el señor comenzó a correr, alejándose asustado del vehículo y comenzó a hacerle señas a los automovilistas que pasaban por la carretera para que se detuvieran. Finalmente se detuvo un tráiler, descendió el chofer y le preguntó qué le sucedía. Con voz entrecortada le comentó que había oído una voz que salía del vehículo. Comprensivamente, el chofer del tráiler le explicó que era parte de un equipo computarizado que ahora traían esos automóviles. Después de agradecer su atención, el cliente se fue a su casa, pero al día siguiente volvió a hacer el viaje a Tijuana para expresarle al vendedor su molestia y disgusto por su falta de profesionalismo e interés en el cliente.

Esta historia nos enseña cuán importante es hacer entregas profesionales, pues son las que en realidad ayudan a "consumar" la venta, a fin de evitar cancelaciones posteriores o malas recomendaciones por parte del cliente.

LA POSVENTA

He dejado este tema para el final, no porque lo considere el menos importante, al contrario, aunque aparentemente es el punto final del ciclo de ventas, en realidad es el inicio del siguiente. Con todo respeto a lo que piensan muchos, no dándole la verdadera importancia que tiene la posventa, en inglés se le llama *follow up*, que significa "seguimiento". Eso es lo que tendríamos que hacer: asegurarnos de que el cliente quedó contento con su producto, que lo sabe usar, que entiende el mantenimiento y la garantía. También deberíamos querer asegurarnos qué opinan sobre su producto sus familiares, amigos y conocidos, lo cual podría dar pie a una siguiente venta.

Pero muchos vendedores prefieren no llamar o visitar al cliente, creyendo que el cliente puede hacerles una reclamación. Con base en mi experiencia, sugiero que deberíamos medir nuestro porcentaje de retención de clientes, de tal forma que de cada 10 ventas, deberían ser de tres a cuatro ventas o agregados a clientes ya existentes. Lo cual demostraría que sabemos retener a nuestros clientes y les estamos dando seguimiento o posventa.

Algo que podría ayudarnos es que dentro de nuestro programa semanal de trabajo (formato que se encuentra al final del libro) se debe incluir una cantidad de contactos telefónicos, visitas o correos electrónicos periódicamente con las personas que conforman nuestra cartera de clientes.

Pues si combinamos los nuevos prospectos que diariamente generamos con los clientes ya existentes y los trabajamos de forma conjunta, nuestros resultados serán sorprendentes.

Prepare el terreno para que el cliente se convierta en su agente. Contrario a lo que se piensa, que la venta termina con la entrega del producto, la posventa da inicio al ciclo de ventas posterior. Enviar tarjetas de agradecimiento, como lo mencioné (el *thank you note*), ayuda a que se cierren los lazos entre el cliente y usted.

Ahora programe llamadas posteriores a sus clientes, y determine qué es lo que va a hacer para poder retenerlos y realizar nuevas ventas. Además de obtener, de parte de ellos, recomendaciones de a quiénes podríamos venderles.

Estimados amigos, realmente compartirles esta maravillosa profesión de las ventas es algo excelente. Por eso, no me queda más que despedirme de ustedes y agradecerles por esta oportunidad, y recordar que el éxito no es por suerte, ni casualidad, es por causalidad. Tenemos que tomar en nuestras manos el destino de nuestra profesión, y construir día a día el éxito en ventas, diseñándolo, planificándolo; pero sobre todo, trabajando con disciplina, entrega y honestidad.

Y tenga siempre presente que el trabajo más dignificante es ser un *vendedor profesional*.

Resumen

1. ¿Qué significa la palabra "cierre" en ventas?

_____

_____

_____

_____

2. ¿Qué objetivos tiene el "cierre"?

_____

_____

_____

_____

3. ¿Cuál es el valor de "saber escuchar" en el cierre?

_____

_____

_____

4. ¿Qué es la "programación neurolingüística" y cuál es su relación con las ventas?

_____

_____

_____

5. Escriba, al menos, cinco ejemplos de palabras.

Auditivas:

_____

_____

_____

Visuales:

_____
_____
_____
_____
_____

Cinestésicas (emocionales o sensibles):

_____
_____
_____
_____

6. ¿Cuándo se comienza a "cerrar"?

_____
_____

7. Defina qué es el *momentum* en la venta.

_____
_____

8. ¿Cuáles son los tres tipos de señales de cierre?

1._____

2._____

3._____

9. ¿Cuál es la diferencia entre objeción y condición?

_____
_____

10. ¿De qué diferentes formas se contesta una objeción?

11. ¿Cuáles son las razones principales por las que la gente compra?

12. ¿Cuáles son algunas de las objeciones más comunes que le presentan sus clientes y cómo piensa manejarlas?

13. Enumere y describa al menos cinco diferentes "cierres" que utiliza o piensa usar.

Plan de acción personal

Nombre: _____

Área por mejorar	Prioridad	Acción por tomar	Fecha de inicio
Identificar los "quita tiempo"			
Dar prioridad a las actividades			
Maximizar su círculo personal de energía			
Manejar las visitas inesperadas			
Minimizar las interrupciones de teléfono y e-mail			
Dejar para después			
Manejo de la crisis			
Delegar			
Equilibrar el trabajo y la vida			

Agenda diaria

Nombre: _____ Fecha: _____

Metas diarias:

1. _____   4. _____
2. _____   5. _____
3. _____   6. _____

Hora	Actividad	Tiempo usado	Comentario
7:00 a. m.			
7:30 a. m.			
8:00 a. m.			
8:30 a. m.			
9:00 a. m.			
9:30 a. m.			
10:00 a. m.			
10:30 a. m.			
11:00 a. m.			
11:30 a. m.			
12:00 p. m.			
12:30 p. m.			
1:00 p. m.			
1:30 p. m.			
2:00 p. m.			
2:30 p. m.			
3:00 p. m.			
3:30 p. m.			
4:00 p. m.			
4:30 p. m.			
5:00 p. m.			
5:30 p. m.			
6:00 p. m.			

Agenda diaria

Nombre: _____ Fecha: _____

Metas diarias:

1. _____   4. _____
2. _____   5. _____
3. _____   6. _____

Hora	Actividad	Tiempo usado	Comentario
7:00 a. m.			
7:30 a. m.			
8:00 a. m.			
8:30 a. m.			
9:00 a. m.			
9:30 a. m.			
10:00 a. m.			
10:30 a. m.			
11:00 a. m.			
11:30 a. m.			
12:00 p. m.			
12:30 p. m.			
1:00 p. m.			
1:30 p. m.			
2:00 p. m.			
2:30 p. m.			
3:00 p. m.			
3:30 p. m.			
4:00 p. m.			
4:30 p. m.			
5:00 p. m.			
5:30 p. m.			
6:00 p. m.			

Plan semanal

Semana: _____ Nombre: _____

Hora	Lunes	Martes	Miércoles	Jueves	Viernes	Sábado	Domingo
7:00-8:00							
8:00-9:00							
9:00-10:00							
10:00-11:00							
11:00-12:00							
12:00-13:00							
13:00-14:00							
14:00-15:00							
15:00-16:00							
16:00-17:00							
17:00-18:00							
18:00-19:00							
19:00-20:00							
20:00-21:00							

Testimonios

En mis 40 años dentro del mundo de las ventas, no he conocido un personaje como el licenciado Javier Madera Camacho, por su versatilidad para asesorar a cientos de empresas y ayudarlas a alcanzar notas más elevadas, pero principalmente por su gran calidad humana, que ha beneficiado a miles de asistentes a sus seminarios para incrementar su desarrollo personal.

ROBERTO IÑIGUEZ (q.e.p.d.)
Master de Territorio-Royal Prestige.

Desde 1995, Javier Madera Camacho ayudó al crecimiento de La Canasta Furnishings (mueblerías). Sus seminarios de ventas, de servicio al cliente y de motivación ayudaron a proveer a mis empleados de invaluables estrategias de ventas y nos motivaron para seguir creciendo, no solo en lo profesional sino en lo personal.

Su carisma y su conocimiento sobre el tema hicieron que año tras año (un total de 13 años) diferentes generaciones de empleados de La Canasta se beneficiaran de sus técnicas y conocimiento.

JAVIER RAMIREZ
CEO La Canasta Furnishings.

Después de mucho tiempo de conocer a Javier (16 años), nuestra amistad continúa así como el respeto, el profesionalismo y la ética de un verdadero asesor. Su humildad como persona lo destaca sobre muchos otros expositores. Javier es legítimo y la elocuencia de sus mensajes germina en su audiencia.

JOE ECHEVERRY
Royal Prestige-Master Territory.

Bueno, este seminario me gustó mucho, en primer lugar porque nos ayudó a entender cómo comunicarnos con los clientes, ya que en muchas ocasiones no sabemos las palabras apropiadas para dirigirnos a ellos. En lo personal me ha ayudado mucho a trabajar en equipo y a mejorar el servicio al cliente.

SIOMARA MENDOZA
Presidenta de Herbalife.

Por este conducto quiero expresar mi más sincero agradecimiento a Javier Madera Camacho, presidente de JMC Profesional Seminars Corp., por los ocho años de cursos y seminarios impartidos en nuestra empresa, los cuales nos ayudaron a mejorar nuestras ventas y nuestro servicio al cliente. También afirmar que Javier Madera Camacho es una persona de mucha confianza, experiencia y de mucho profesionalismo.

Lic. MARCO A. ELIZONDO
Director de Ventas Famsa Inc. USA.

En una empresa como El Aviso Magazine, es de suma importancia que el personal tanto interno como de ventas estén siempre dispuestos y deseosos a dar lo mejor y eso solo se logra con la continua orientación y motivación profesional. El conocer a Javier Madera Camacho de JMC Professional Seminars Corp., definitivamente ha sido una bendición porque con su ayuda los que no confiaban en ellos mismos ahora lo hacen, los que temían hablar en público ahora se presentan con seguridad y confianza y hasta aprendieron a respirar correctamente y modular la voz, muchos ni se imaginaban el potencial que descubrieron en ellos con el paso del aprendizaje, lo que significa que ahora son personas seguras, más útiles y felices.

Muchas gracias, Javier Madera Camacho de JMC Professional Seminars Corp.

JOSE ZEPEDA
CEO. El Aviso Magazine, núm. 1 en EUA.

Mi nombre es Jorge Manzur. El único testimonio que puedo externar es dar gracias a Dios y a Erika Villegas por haberme invitado en noviembre de 2007 a uno de los mejores seminarios de ventas que había escuchado en mi vida y sobre todo en español. ¡Guau! Quedé fascinado con tanta sabiduría y facilidad de palabra de este hombre y maestro. Hoy, uno de mis mejores amigos. La razón de estas hermosas palabras es porque a partir de ese día empecé a asistir a todas sus clases y seminarios que impartía y mis conocimientos se fueron multiplicando. Me dio mucha seguridad tanto en mi persona como en el ámbito empresarial pues triunfé grandemente, así que el día de hoy, usted que está leyendo su libro dese por seguro que a partir de hoy su vida entera le cambiará para bien, no tenga miedo de enfrentarse a su verdadero yo, en especial con la guía y los consejos de este gran maestro, el señor Javier Madera Camacho.

JORGE MANZUR
Empresario, político y fundador
de La Casa de los Sueños.

Índice analítico

La publicación de esta obra la realizó
Editorial Trillas, S. A. de C. V.

División Administrativa, Av. Río Churubusco 385,
Col. General Pedro María Anaya, C. P. 03340, Ciudad de México
Tels. 5556884233, 5556884007

División Logística, Calzada de la Viga 1132, Col. Apatlaco, C. P. 09439
Ciudad de México, Tels. 5556330995, 5556331122

Esta obra se imprimió
el 2 de enero de 2023, en los talleres de
RDC, S. A. de C. V.

B 105 TW ◎